中国社会科学院国情调研特大项目"精准扶贫精准脱贫百村调研"

精准扶贫精准脱贫百村调研丛书

CASE STUDIES OF TARGETED POVERTY REDUCTION AND
ALLEVIATION IN 100 VILLAGES

李培林／主编

精准扶贫精准脱贫百村调研·
查干诺尔嘎查和温都尔嘎查卷

"七个精准"助力边疆牧民幸福生活

黄育华　李　虹／著

社会科学文献出版社
SOCIAL SCIENCES ACADEMIC PRESS (CHINA)

中国社会科学院国情调研特大项目
"精准扶贫精准脱贫百村调研"
项目协调办公室

主　任：王子豪
成　员：檀学文　刁鹏飞　闫　珺　田　甜　曲海燕

总　序

　　调查研究是党的优良传统和作风。在党中央领导下，中国社会科学院一贯秉持理论联系实际的学风，并具有开展国情调研的深厚传统。1988年，中国社会科学院与全国社会科学界一起开展了百县市经济社会调查，并被列为"七五"和"八五"国家哲学社会科学重点课题，出版了《中国国情丛书——百县市经济社会调查》。1998年，国情调研视野从中观走向微观，由国家社科基金批准百村经济社会调查"九五"重点项目，出版了《中国国情丛书——百村经济社会调查》。2006年，中国社会科学院全面启动国情调研工作，先后组织实施了1000余项国情调研项目，与地方合作设立院级国情调研基地12个、所级国情调研基地59个。国情调研很好地践行了理论联系实际、实践是检验真理的唯一标准的马克思主义认识论和学风，为发挥中国社会科学院思想库和智囊团作用做出了重要贡献。

　　党的十八大以来，在全面建成小康社会目标指引下，中央提出了到2020年实现我国现行标准下农村贫困人口脱贫、贫困县全部"摘帽"、解决区域性整体贫困的脱贫攻坚目标。中国的减贫成就举世瞩目，如此宏大的脱贫目标世所罕见。到2020年实现全面精准脱贫是党的十九大提出的三大攻坚战之一，是重大的社会目标和政治任务，中国的贫困地区在此期间也将发生翻天覆地的变化，而变化的过程注定不会一帆风顺或云淡风轻。记录这个伟大的过程，总结解决这个世界性难题的经验，为完成这个攻坚战献计献策，是社会科学工作者应有的责任担当。

2016年，中国社会科学院根据中央做出的"打赢脱贫攻坚战"战略部署，决定设立"精准扶贫精准脱贫百村调研"国情调研特大项目，集中优势人力、物力，以精准扶贫为主题，集中两年时间，开展贫困村百村调研。"精准扶贫精准脱贫百村调研"是中国社会科学院国情调研重大工程，有统一的样本村选择标准和广泛的地域分布，有明确的调研目标和统一的调研进度安排。调研的104个样本村，西部、中部和东部地区的比例分别为57%、27%和16%，对民族地区、边境地区、片区、深度贫困地区都有专门的考虑，有望对全国贫困村有基本的代表性，对当前中国农村贫困状况和减贫、发展状况有一个横断面式的全景展示。

在以习近平同志为核心的党中央坚强领导下，党的十八大以来的中国特色社会主义实践引导中国进入中国特色社会主义新时代，我国经济社会格局正在发生深刻变化，脱贫攻坚行动顺利推进，每年实现贫困人口脱贫1000多万人，贫困人口从2012年的9899万人减少到2017年的3046万人，在较短时间内实现了贫困村面貌的巨大改观。中国社会科学院组建了一百支调研团队，动员了不少于500名科研人员的调研队伍，付出了不少于3000个工作日，用脚步、笔尖和镜头记录了百余个贫困村在近年来发生的巨大变化。

根据规划，每个贫困村子课题组不仅要为总课题组提供数据，还要撰写和出版村庄调研报告，这就是呈现在读者面前的"精准扶贫精准脱贫百村调研丛书"。为了达到了解国情的基本目的，总课题组拟定了调研提纲和问卷，要求各村调研都要执行基本的"规定动作"和因村而异的"自选动作"，了解和写出每个村的特色，写出脱贫路上的风采以及荆棘！对每部报告我们都组织了专家评审，由作者根据修改意见进行修改，直到达到出版要求。我们希望，这套丛书的出版能为脱贫攻坚大业写下浓重的一笔。

中共十九大的胜利召开，确立习近平新时代中国特色社会主义思想作为各项工作的指导思想，宣告中国特色社会主义进入新时代，中央做出了社会主要矛盾转化的重大判断。从现在起到2020年，既是全面建成小康社会的决胜期，也是迈向第二个百年奋斗目标的历史交会期。在此期间，国家强调坚决打好防范化解重大风险、精准脱贫、污染防治三大攻坚战。2018年春节前夕，习近平总书记到深度贫困的四川凉山地区考察，就打好精准脱贫攻坚战提出八条要求，并通过脱贫攻坚三年行动计划加以推进。与此同时，为应对我国乡村发展不平衡不充分尤其突出的问题，国家适时启动了乡村振兴战略，要求到2020年乡村振兴取得重要进展，做好实施乡村振兴战略与打好精准脱贫攻坚战的有机衔接。通过调研，我们也发现，很多地方已经在实际工作中将脱贫攻坚与美丽乡村建设、城乡发展一体化结合在一起开展。可以预见，贫困地区的脱贫攻坚将不再只局限于贫困户脱贫，我们有充分的信心从贫困村发展看到乡村振兴的曙光和未来。

是为序！

全国人民代表大会社会建设委员会副主任委员

中国社会科学院副院长、学部委员

2018 年 10 月

前　言

党的十八大以来，中央对扶贫工作做出重大战略调整，提出建立精准扶贫的工作机制。作为国家思想库智囊团，我院特别设立"精准扶贫精准脱贫百村调研"项目，旨在对我国脱贫战略实施效果进行中期评估和评价，为十八届五中全会以及"十三五"规划中有关精准脱贫目标的实现提供支撑。

该子课题选择了内蒙古自治区呼伦贝尔市鄂温克族自治旗辉苏木的查干诺尔嘎查和巴彦塔拉苏木的温都尔嘎查作为调研对象。查干诺尔嘎查和温都尔嘎查都是自治区级的贫困嘎查。鄂温克族自治旗是我国"三少民族"聚居地之一，也是内蒙古自治区集中连片的特困片区。查干诺尔嘎查居住的人口主要是达斡尔族牧民，温都尔嘎查居住的人口主要是鄂温克族牧民。

作为典型的少数民族牧区嘎查，这两个嘎查在旗委旗政府的领导下，做了大量的、积极的、有特色的扶贫脱贫工作，取得了明显成效，当然也存在很多困难和问题。由于牧区嘎查的牧民户数少，单个嘎查不能满足本课题随机30户贫困户和30户非贫困户的抽样选取要求，所以课题组选取了有代表性的两个嘎查为调研对象。

为全面了解两个嘎查的具体扶贫脱贫工作及成效，课题组于 2016 年 12 月首先分别走访了呼伦贝尔市和鄂温克族自治旗两级扶贫开发办公室的主任及主管科室负责人，听取了关于市、旗近 3 年的经济社会发展现状、自然资源与环境特点，以及整体贫困现状及扶贫脱贫工作的过程、取得的成效、存在的问题等。

课题组紧紧围绕总课题的目标和要求，对两个嘎查发展的历史与现状、致贫原因、贫困状况和脱贫措施，尤其是精准扶贫和精准脱贫情况，进行了全面深入的调查，理清了精准扶贫精准脱贫在政策、机制、措施等方面取得的经验以及存在的主要问题与困难。

2017 年 6 月课题组再次深入牧区，走访嘎查委员会和驻村工作组，做入村详细调查，通过随机抽样确定了要调研的 30 户贫困户和 30 户非贫困户，并进行了深入的入户问卷调查。通过问卷、走访、座谈等形式，重点掌握了两个贫困嘎查近 3 年的社会经济数据，系统分析了其社会经济状况，包括人口数量、年龄结构、性别比例、健康状况、文化程度、民族构成、从业情况、收入来源、支出项目等。全面梳理了其资源禀赋及生产生活环境情况，包括草场、林地、田地等的数量；牲畜、粮食作物的种类、数量、产量等，房屋、街道、公路等建筑情况；矿产资源、工商企业、机械设备、家庭财产以及教育医疗等情况；深入了解其生产经营方式、生活方式、风俗习惯等。重点调研并全面、详细掌握贫困人口及新脱贫人口的相关情况，并在此基础上准确找到牧区贫困人口致贫的原因与脱贫路径的个性与共性，从具体的案例入手，重点调研分析致贫与脱贫过程中制度、政策、管理、资金、措施、干部素质、群众素质、主观努力、行为习惯等各因素所起的作用，为广大牧区贫困人口的脱贫找出可推广、可复制、切实可行的精准扶贫方法，提出了精准扶贫创新模式与推广建议。

课题组通过对入户调查统计表各项指标的录入、统计和分析，理清了旗和嘎查在精准扶贫精准脱贫中取得的政策、机制、措施等方面的经验，发现了工作过程中存在的问题和困难，评价了所调研嘎查精准扶贫精准脱贫效果，总结了精准脱贫的个案经验，为课题组总体分析提供客观翔实的依据和素材。

课题组掌握了大量的第一手资料，对牧区的贫困状况有深入切实的感受，经过对调研材料与统计数据的深入分析，课题组得出了牧区贫困户致贫的主要原因是疾病与残疾、生产方式单一的结论，并提出了有针对性地全免因病致贫者治疗费用并予以补助、加强产业扶贫等政策建议。

本课题共分为如下六章。

第一章主要介绍调研地嘎查所在的呼伦贝尔市和鄂温克族自治旗两级政府的精准扶贫精准脱贫工作情况。

第二章重点对查干诺尔嘎查和温都尔嘎查调查的基本情况进行描述分析，包括自然和社会经济环境、贫困现状及扶贫脱贫工作等。

第三章对就两嘎查的 30 户贫困户和 30 户非贫困户进

行入户调查的数据做翔实统计和全面分析。

第四章客观总结了两嘎查精准扶贫精准脱贫工作的主要特点、基本经验及做法。

第五章对取得特色经验的产业扶贫做进一步的深入分析总结。

第六章是课题组提出的有针对性的对策建议。

目　录

第一章

调研嘎查所在市旗精准扶贫精准脱贫
工作情况

第一节　呼伦贝尔市精准扶贫精准脱贫情况 ①

　　呼伦贝尔市是集"老少边"于一体的边疆少数民族地区。全市有 2 个国家扶贫开发工作重点旗（鄂伦春自治旗、莫力达瓦达斡尔族自治旗），4 个自治区扶贫开发工作重点旗市（阿荣旗、鄂温克族自治旗、新巴尔虎左旗、扎兰屯市），5 个革命老区旗市（鄂伦春自治旗、莫力达瓦达斡尔族自治旗、阿荣旗、扎兰屯市、满洲里市）。"三少民族"自治旗（鄂伦春自治旗、莫力达瓦达斡尔族自治旗、鄂温克族自治旗）被自治区列为集中连

---

　　① 资料来源：2016-2017 年呼伦贝尔市扶贫开发建档立卡数据库。

片特困片区。全呼伦贝尔市有贫困嘎查村280个，占行政村总数的36%。近年来，市委市政府重点实施了连片开发、产业化扶贫、整村推进、劳动力转移培训、革命老区和人口较少民族发展、互助资金等项目，累计减贫21.23万人。2017年全市剩余贫困人口37120人，计划减贫1.9万人，贫困人口减少51.2%，全市贫困发生率下降到2.08%。

一 呼伦贝尔市精准扶贫精准脱贫工作特点

（一）精准识别，一清到底

首先是底数清。呼伦贝尔市经过建档立卡"回头看"，识别贫困人口25660户61660人，占农牧业人口的7.1%。其中，少数民族贫困人口有8247人，占全市贫困人口的13.4%。其次是原因清。通过调查统计，因病、因灾、缺土地、缺资金致贫户占贫困总户数的84.49%，这四个方面是农牧户致贫的主要因素。再次是计划清。按照"五个一批"要求，分类施策，细化措施，通过发展生产脱贫33368人，易地扶贫搬迁脱贫10475人，生态补偿脱贫2133人，发展教育脱贫3886人，社会保障兜底脱贫11798人。

（二）精准帮扶，一帮到底

首先，探索出多个精准扶贫模式，包括村企合作共

建、产权收益、"党支部+"、互助金扶贫、金融撬动、能
人带动、自主创业、众筹引路、菜单式培训、救助模式
等。其中村企合作共建、产权收益、"党支部+"模式及文
化产业等在全区交流推广。其次,落实了"五个一批"措
施,包括发展生产脱贫一批、易地搬迁脱贫一批、发展教
育脱贫一批、生态保护脱贫一批、社会保障兜底一批。再
次,实施"特色产业富民、易地扶贫搬迁、农村电商扶
贫、光伏产业扶贫、贫困户产权收益、基础设施建设、金
融扶贫富民、科技文化扶贫、社会扶贫和特殊人群关爱"
脱贫攻坚"十大行动"。

（三）精准脱贫,一退到底

一是完善退出机制,制定出台《关于建立贫困退出机
制的实施意见》,制定退出评估办法和《旗市区党委政府
扶贫开发考核办法》等退出制度。二是把握三个环节:把
握识别准确率,坚持精准识别;准确把握群众满意度,强
化监督,让群众满意;准确把握退出精准率,坚决防止
"数字脱贫"和"被脱贫"。三是衡量脱贫的三个标准:享
受过扶贫政策,得到过扶持;观念得到转变,自我发展能
力提高;有稳定的收入来源和增收渠道,对于脱贫结果,
本人要认同、社会要认可、政府要认定。四是实现五个目
标:贫困地区农牧民人均可支配收入增幅高于全区平均水
平;贫困嘎查村有集体经济收入,解决"空壳村"问题;
公共服务水平接近全国平均水平;住房全部达到安全标准;
贫困发生率降到3%以下。

呼伦贝尔市的扶贫脱贫经验具有典型性、有效性和可借鉴性，为所辖各旗市区各苏木直至各嘎查的具体扶贫脱贫工作发挥了积极的指导作用。

二　呼伦贝尔市精准扶贫精准脱贫的突出难点

（一）生态保护与群众增收的矛盾依然突出

民族地区的大部分贫困群众居住在高寒偏远地区，村落分散，生产生活方式陈旧，生产没形成规模，林农、农畜、林畜矛盾依然突出，限制了农牧民的发展思路。

（二）农牧民群众劳务技能提升难度较大

由于受传统生产方式、生活习惯、语言交流、文化程度、思想观念等影响，农牧民技能提升难度较大，导致其离为实现精准扶贫提出的劳务收入目标有较大差距。

（三）嘎查（村）基础设施建设投入依然不足

受地质因素的影响，部分村组公路路面等级低等问题依然制约着经济社会发展，有待进一步加大投入。

（四）社会事业发展相对滞后

教育事业基础设施相对落后，教师办公、居住条件艰苦，缺乏双语、音、体、美教师；医疗卫生条件落后，医疗专业人员严重不足，乡、村卫生院（室）基本上只能输液、打针、卖药，患常见病主要是到外地就医；农牧区文化、体育基础设施薄弱，农民群众精神文化生活贫乏。

第二节 鄂温克族自治旗精准扶贫精准脱贫情况 [①]

一 鄂温克族自治旗精准扶贫精准脱贫工作成效

（一）加强组织领导

一是成立由旗委、政府主要领导任总指挥，旗委副书记、组织部长、1名副旗长和1名旗长助理任常务指挥的脱贫攻坚指挥部，下设21个专项推进组、9个特色产业推进组、8个战区、44个驻村工作队。根据工作需要，将扶贫办由原农牧业局挂牌机构调整为单设机构，列入政府工作部门之一。二是强化安排部署。2017年年初以来，分别召开1次全旗脱贫攻坚推进会和2次调度会，动员全旗近千名干部职工集中精力投入脱贫攻坚，对全年工作进行系统全面的安排部署。三是强化工作调度。建立日常调度机制，按照工作进度开展干部培训，及时研究解决存在的问题。通过电视、网站、微信公众号等及时发布脱贫进度、

① 资料来源：根据2015~2017年鄂温克族自治旗扶贫工作总结整理。

督查通报及日常信息，强化交流。四是强化责任落实。同相关苏木乡镇和专项推进组签订脱贫攻坚目标责任状，明确各战区指挥部的主体责任，各苏木乡镇党政主要领导的第一责任人责任，各专项推进组、驻村工作队的直接责任，建档立卡贫困户帮扶干部的帮扶责任。五是强化考核问责，将脱贫成效纳入领导干部年度考核指标，对工作推进不力，不作为、慢作为的干部坚决问责、约谈，明确脱贫攻坚期内苏木乡镇党政正职不调整、不调离。

（二）做好精准识别

以开展"千名干部遍访回访贫困嘎查贫困户"活动为载体，对2014~2016年已脱贫人口进行大走访、大排查，对脱贫成效再核查、再确认，同时对纳入2017年脱贫任务的贫困户进行精准识别，全面掌握脱贫人口生产生活状况，严格按照识别和退出程序，做到该纳入的纳入、该退出的及时退出，确保建档立卡普查实、信息准、管理细。建立贫困户家庭脱贫档案，完善贫困户家庭基本情况、生产情况等信息，详细记录贫困户发展生产、社会保障、临时救助等方面的各类收入，为贫困户精准退出奠定基础。建立旗本级大数据平台，做好数据维护、统计、分析、监测工作，实现对贫困户及脱贫攻坚工作的信息化动态管理，为科学施策提供数据支撑。按照自治区制定的《进一步打牢精准扶贫基础工作实施方案》的要求，鄂温克旗同步开展相关工作，新一轮识别工作结束后，工作记录由自治区审核，审核通过后正式录入系统。

（三）细化帮扶措施

按照"因地制宜、因户施策、一户一策、一户多策"的原则，制定67条精准扶贫措施，采取"政府下厨、贫困户点菜"的方式，为每户贫困户量身打造个性化的帮扶措施，真正做到综合施策、一户一策。

1. 强化思想发动引导

注重坚持正确的舆论导向，强化对驻村干部、第一书记、帮扶干部的培训，以提高群众满意度为根本出发点和落脚点，组织千名干部下基层，充分利用多种形式，入户宣讲中央、自治区、市和旗制定的相关政策、脱贫目标和帮扶措施，提高贫困群众对扶贫政策的知晓率，营造全旗各级干部和各族群众理解、支持、参与脱贫攻坚工作的良好氛围。同时，深入推进牧区精神文明建设，把"精神脱贫"作为重要工作来抓，大力宣传"扶贫先扶志，致富先治心"的脱贫理念，引导贫困户转变思想、抵制陈规陋习，增强贫困户的脱贫信心和内生动力。

2. 突出发展产业扶贫

经过深入调研，以旗情为根本出发点，结合贫困户实际情况，提出主导产业和特色产业协调发展的理念，合理布局，在旗行政中心周边，依托基础设施完备、交通便利等条件，鼓励贫困户发展特色经济，并建立龙头企业与贫困户利益联结机制，企业从培训指导、生产加工、产品回收等方面提供"保姆式"服务，最大限度降低贫困户的发展风险，政府根据出台的67项"菜单式"脱贫措施给予相应的补贴，在具备发展规模化畜牧产业条件的苏木乡镇，重点打造规模化、集约化畜牧业生产基地，将发展畜牧产业的贫困户纳入基地管理，统筹解决单户发展畜牧业的困难问题，达到调整产业结构和壮大嘎查集体经济的双重目的。一是扶持畜牧业，组织遴选畜牧业扶贫主体26家，其中典型合作社15家、草牧企业3家、"一村一品"嘎查8家，主要打造高产奶牛规模养殖、肉牛扩繁育肥、呼伦贝尔羊短尾品系提纯繁育、呼伦贝尔羊杂交育肥等4项产业。依托合作社带动贫困户发展，集中力量，在项目、资金、棚圈、农机具和技术方面给予支持，以合作社＋贫困户模式吸纳贫困户，贫困户以资产入股获取资产性收益，以投工投劳获取工资性收益，以牲畜托养入社获取投入性收益，贫困户收入渠道得以拓宽。巴音布拉尔畜牧业牧民专业合作社、英伦畜牧业合作社、银石畜牧业产业合作社、厄鲁特牧人专业合作社等精准扶贫示范合作社已发挥作用，带动贫困户发展效果明显。二是发展特色产业。依托呼伦贝尔有保生态农牧业开发股份有限公司、呼伦贝尔环球瞭望生物科技公司、旗蒙医医院等机构，利用龙头企业＋贫困户、科研机构＋蒙医医院＋种植基地＋贫困户、党支部＋龙头企业＋生产基地＋贫困户＋营销团队、养殖大户＋贫困户等模式，选择开发效率高、周期短、风险小、投入少、群众容易上手的特色种养业和农畜产品加工业，包括种植黑木耳、草原蘑菇、蔬菜（蓝莓）、蒙中药材，养殖生态鸡、大鹅，加工制作民族手工艺品和民族美食，发展家庭牧户游和林业产业，促进牧民稳定增收。全旗种植蔬菜 42.5 万亩，预期收益 80 万元，带动贫困户 29 户；黑木耳种植 130 万袋，预期收益 130 万元，带动贫困户 54 户；20 吨草原白蘑基料已播种完毕，预期收益 200 万元，带动贫困户 20 户；生态鸡养殖 2 万只，预期收益 20 万元，带动贫困户 25 户；大鹅养殖 10 万羽，预期收益 280 万元，带动贫困户 36 户；蒙中药材种植 100 亩，预期收益 40 万元，带动贫困户 25 户；太阳花等手工艺品加工已开展多期培训和企业洽谈会，在民族食品生产销售方面开设 8 个扶贫销售专柜和新建一座民族食品生产加工厂，预期收益 140 万元，带动贫困户 101 户；旅游开发牧户游等项目 41 户，预期收益 82 万元；林业方面，培育家庭苗圃大苗 7.03 万株（榆树 3.53 万株、樟子松 3 万株、云中杨 0.5 万株），预期收益 60 万元，带动贫困户 55 户。初步估算，上述特色产业将产生 1032 万元的经济效益，这成为贫困户的直接收入。

3. 扎实推进易地搬迁扶贫

2016 年，鄂温克旗被纳入易地扶贫搬迁项目范围，通过集中开发、行政村就近安置方式，将水土资源匮乏，生态恶化、沙化严重，交通不便、通信不畅，人畜饮水困难等就地扶持难以脱贫的散户和无房户纳入项目范围，重点在 5 个苏木乡镇、12 个嘎查实施，计划搬迁 96 户 195 人。目前，易地扶贫搬迁房屋建设工作已全部竣工，基本达到入住标准，相关水、电、路等配套设施建设同步完成。相关危房评估认定工作已结束，部分新建住房招投标工作已完成，针对贫困户无房和危房的新建和改造工作正在有序推进。

4. 大力支持教育扶贫

经过系统摸底，在旗内上学的建档立卡户学生为76人，非建档立卡户学生47人，结合贫困家庭学生分布在不同学段的实际情况，制定了《鄂温克旗2017年教育脱贫攻坚实施方案》，有针对性地确定了帮扶措施，确保贫困家庭学生扶持全覆盖。一是学前教育阶段。对贫困学前教育家庭幼儿减免保教费，减轻贫困家庭负担。二是义务教育阶段。对牧区蒙语授课学生实施"双语授课寄宿生生活费补助"，补助标准为小学1350元/年，初中生1620元/年；对汉语授课贫困家庭学生实施义务教育寄宿生生活费资助，资助金额为小学生1000元/年，初中生1250元/年；为少数民族寄宿生发放生活费补助，补助标准为小学生600元/年，初中生800元/年。三是普通高中阶段。对在普通高中上学的学生，按每生每年2000元的标准免学费和免费提供教科书，对在校生的30%实施国家助学金资助，标准为每生每年2000元，另外，旗财政每年列支20万元，对旗内家庭经济困难学生进行资助，资助标准有每生每年1500元、1000元和500元三个档次。四是职业高中阶段。对在中等职业学校上学的学生，自治区实施每生每年减免2000元的标准进行免费教育，对高一、高二年级的中职在校生进行国家助学金资助，资助标准为每生每年2000元。五是大学阶段。为建档立卡贫困家庭大学生提供每人每年1万元资助。六是设立贫困生救助基金。设立"鄂温克旗爱心资助协会"，利用"政府投入＋企业捐资"形式解决贫困学生实际困难。

5. 完善社会保障扶贫

将贫困户中符合社会救助政策的贫困人口全部纳入牧区低保、特困人员救助供养社会救助范围，做到应保尽保，对于已经纳入范围但脱贫仍存在困难的贫困户，根据政策标准，给予提标升级。通过医疗救助、重特大病医疗救助、重特大病慈善医疗救助、门诊救助、临时救助等措施将符合条件的贫困户纳入救助范围，按政策比例给予扶持。

6. 积极开展创业就业扶贫

为实现贫困劳动力创业有政策、有载体、有环境，就业有保障、有渠道、有岗位，一方面以旗民族创业园为依托，优先安置有能力、有意愿的贫困户到创业园落户创业，同时出台贫困户创业政策，为具备条件的贫困户免费提供创业场地和免息创业贷款，积极推动贫困牧民增强创业意识；另一方面本着"按需培训"的原则，加大对贫困牧民的就业技能培训力度，以技能培训促就业，以就业促脱贫。目前，已组织举办各类劳动技能培训班 6 期，其中包括中式面点、奶制品、太阳花、电焊、化妆师培训班，累计培训 300 多人次。同时由人社部门与旗内龙头企业和用工单位建立联系机制，帮助贫困户和用工单位实现有效对接，同时利用旗政务网、就业服务网站、政务服务中心 LED 大屏幕等宣传平台，发布就业岗位需求信息。

7. 稳步推进健康扶贫

根据呼伦贝尔市《关于印发呼伦贝尔市健康扶贫工作实施方案的通知》，制定《鄂温克旗健康扶贫工作实施方案》，通过城乡居民基本医疗保险优惠政策和实行县域内牧区贫困人口先诊疗后付费制度，解决贫困人口病有所治问题；通过提高城乡居民基本医疗保险大病保险报销比例、加大医疗救助力度，实行兜底保障和对患大病和慢性病的建档立卡贫困患者实施分类救治等措施，减轻贫困人口医药费用负担；建立家庭医生签约服务制度，为所有贫困户提供医疗健康服务；统筹调度使用旗内医疗资源，有序开展贫困人口免费体检工作；为全旗2743名贫困人口购买补充医疗保险、重大疾病保险和意外伤害商业医疗保险，累计投入33万元。

8. 做好社会救助与扶贫开发的有效衔接

为突破单一扶贫模式，最大限度动员社会力量参与扶贫开发，营造全社会关心扶贫、爱心助贫的良好氛围，形成政府、市场、社会协同推进的大扶贫工作格局，在旗委、旗政府的关心支持下，经过旗有关部门和企业的共同努力，成立鄂温克族自治旗扶贫开发协会，并于7月26日召开第一届第一次会议，鄂温克旗扶贫开发协会是呼伦贝尔市旗市区率先成立的第一家扶贫组织，以服务鄂温克旗精准扶贫工作为重点，开展全区域、全方位、立体化、多层面的扶贫开发和服务工作。

（四）强化基础保障

1. 制定工作方案

经过反复调研、讨论、征求意见、修改完善，制定印发了《鄂温克旗2017年脱贫攻坚实施方案》、《鄂温克旗 2017 年精准脱贫措施》、《鄂温克旗 2017 年产业脱贫方案》、《鄂温克旗 2017 年涉农涉牧资金整合实施方案》，集中扶贫、农牧、财政、人社等各部门政策、资金和资源，科学合理制定产业扶贫、金融扶贫、社会保障扶贫等各项政策措施，从旗级层面进一步明确脱贫工作的各项具体任务。

2. 健全工作制度

制定印发了《鄂温克旗脱贫攻坚驻村工作队管理办法》、《鄂温克旗脱贫攻坚工作制度》，要求旗指挥部加强统筹指挥，及时了解全旗脱贫攻坚进展情况，总结经验、分析问题，以各项制度为抓手，指导各战区贯彻落实全旗各项决策部署。各战区指挥部围绕第三方评估目标，统筹各方面各环节工作。各战区有专人在一线坐镇指挥、调度，实地督查各地区各部门脱贫工作，深入群众、及时听取意见建议。各专项组开展集中办公，定期召开推进会，及时研判形势、分析问题、解决困难，做实做细脱贫攻坚全过程中的每一步。

3. 加大资金投入

鄂温克旗一方面加大本级财政投入力度，另一方面大力整合各类涉农涉牧资金，2017 年全旗精准扶贫工作计划投入财政资金 7000 多万元，其中旗本级预算安排 2000 万元，整合各类涉农涉牧资金 5050 万元。同时加强与农业银行、中和农信小额贷款公司等金融机构的合作对接，协调金融贷款 8000 万元，解决贫困户发展产业所需生产资金不足问题。制定《鄂温克旗 2017 年统筹整合使用财政涉农涉牧资金管理办法》，按照"谁使用、谁报账、谁负责"的原则，严格确保各项资金及时、高效、规范、安全使用，强化整合资金监管责任，由旗纪检、财政、审计部门联合把关，规范审批流程，严格项目审计，对扶贫资金投入使用情况进行全程监管。

二 鄂温克族自治旗精准扶贫精准脱贫的突出难点

一是帮扶干部对贫困户脱贫感到信心十足，但对于贫困户脱贫后如何有效地防止返贫的思考不多。二是贫困人口中普遍存在大额贷款，商业银行贷款利息高，贫困户收入少，偿还贷款能力差，日复一日、年复一年，因贷致贫现象在牧区凸显。三是贫困群众普遍缺乏技能，在与拟外出务工的贫困群众座谈中发现，多数群众无技术，外出务工靠下苦力、收入低，参加培训又担心失去挣钱机会。

针对上述情况，鄂温克旗以贫困人口可持续发展为工作主线，积极探索龙头企业/公司+贫困户的发展模式，为贫困户选择一些投资小、风险低、见效快的特色经济，如：种植黑木耳、草原蘑菇、蔬菜及板蓝根等蒙中药材，养殖生态鹅、鸡，加工民族手工艺品和民族美食，发展家庭牧户游和林业产业等，确保贫困户稳定增收；针对贫困人口中普遍存在商业贷款现象，鄂温克旗利用金融扶贫政策性贷款，采取企业+金融机构+担保公司+贫困户的模式，与旗农业银行和邮储银行合作，最大限度发挥金融扶贫贷款的作用，帮助符合条件的贫困户年均增收7750元；

发展特色产业对于贫困户就地转移就业、稳定脱贫和调整牧区产业结构具有十分重要的意义，不仅可以解决外出务工收入低、不稳定问题，还可帮助贫困户树立长久发展产业的观念，而且贫困户通过企业的产前培训，可掌握一门劳动技能，实现一举多得。

第二章

查干诺尔嘎查和温都尔嘎查基本情况调查

二

　　本次调研的查干诺尔嘎查和温都尔嘎查，是鄂温克族自治旗辉苏木和巴彦塔拉苏木的贫困村。由于牧区地域辽阔，嘎查间的距离非常远，且每个嘎查的户数、人数都很少，其扶贫工作具有自身明显的特点，旗和苏木两级政府担当着主要组织安排、指导督查等工作。因此，对嘎查扶贫脱贫工作进行总结分析，必然要考虑鄂温克旗精准扶贫精准脱贫的政策体系、组织体系、措施体系，并以相同的自然环境和文化背景为基础。①

　　① 资料来源：本章数据资料根据鄂温克族自治旗旗志等整理得来。

第一节 自然、社会经济环境调查

一 自然环境分析

查干诺尔嘎查和温都尔嘎查是全国"三少"民族聚集的嘎查。其所在的鄂温克族自治旗位于内蒙古自治区东部,大兴安岭西侧,呼伦贝尔大草原东南部。东与牙克石市接壤,南同扎兰屯市、兴安盟的科右前旗交界,西和新巴尔虎左旗为邻,北邻海拉尔区、陈巴尔虎旗。地处大兴安岭山地西北坡,属于大兴安岭山地向呼伦贝尔平原过渡的地段,地势由东南向西北倾斜,平均海拔 800~1000 米。属中温带大陆性季风气候,冬季漫长寒冷,夏季温和短促,降水较集中。年平均气温在 -2.4℃ 至 -2.2℃ 之间,年均降水量为 350 毫米左右。全年无霜期平均为 100~120 天。主要植被为草原和森林。土地总面积 19111 平方公里,其中:草原面积 11900 平方公里,占全旗总面积的 62.2%;林地面积 6462 平方公里,占土地面积的 33.8%,有全国最大的樟子松母树林基地,有闻名世界的沙地樟子松林带。流域长度 20 公里以上的河流有 31 条,各种湖泊 600 多个。地下资源以煤为主,保有储量在 300 亿吨以上。天然苇塘总面积达 100 万亩。野生植物种类有 621 种,栖息的野兽种类有 49 种。

二　社会经济环境分析

　　鄂温克族自治旗首府所在地为巴彦托海镇。该镇以鄂温克族为主体，由蒙古族、汉族、达斡尔族等 25 个民族组成，总人口 14.5 万人，其中：少数民族人口约 6 万人，占总人口的 41%；鄂温克族约 1.13 万人，占总人口的 7.8%。全旗土地总面积 19111 平方公里，辖 4 个镇、5 个苏木、1 个民族乡，共 44 个嘎查。2014 年贫困人口为 1866 户 4427 人，年内减贫 206 户 513 人；2015 年贫困人口为 1735 户 4003 人，年内减贫 147 户 364 人；2016 年贫困人口为 567 户 1220 人，年内减贫 58 户 111 人；2017 年贫困人口为 836 户 1877 人，贫困发生率为 8.4%。

　　2016 年全年地区生产总值完成 115.69 亿元，同比增长 7%；一般公共预算收入完成 7.78 亿元；限额以上固定资产投资（不包括新区）完成 47.51 亿元，同比增长 14.5%；城乡常住居民人均可支配收入分别为 26964 元和 18969 元，同比增长 7% 和 7.5%；单位 GDP 能耗下降 3.5%；牧业方面，年度牲畜总头数 104 万头（只），奶、肉、草产量分别达到 8 万吨、1.9 万吨和 11 万吨；累计生产原煤 3033.2 万吨；发电 181.5 亿千瓦时；社会消费品零售总额完成 17.5 亿元，同比增长 10%；实施重点项目 44 个，年度完成投资 32.6 亿元。

三　嘎查的基本情况

（一）查干诺尔是辉苏木的一个偏远嘎查，村域面积 84 平方公里，有两个自然村、一个村民组。距旗政府所在地巴彦托海镇 65 公里，最近的长途汽车站在镇里，距辉苏木政府 55 公里。现有牧户 189 户 320 人，建档立卡贫困户和贫困人数分别为 34 户和 77 人，实际贫困户和贫困人口分别是 56 户和 107 人，低保户 21 户、低保人口 48 人，五保户 1 户、五保人口 1 人。文盲半文盲 3 人，残疾人 12 人。少数民族以鄂温克族牧民为主，户数和人口数分别为 140 户和 280 人，占总人口的 87.5%。劳动力人数 220 人，占总人口的 68.8%，举家外出 24 户 56 人。现任书记是朝格巴特尔，受访人是嘎查的扶贫专干巴拉吉尼玛。

温都尔嘎查是巴彦塔拉苏木政府所在地，村域面积 50 平方公里，只有一个自然村、三个村民组，距旗政府所在地巴彦托海镇 10 公里，现有牧户 174 户 403 人，建档立卡贫困户和贫困人数分别为 33 户和 57 人，实际贫困户和贫困人口分别是 73 户和 176 人，低保户 43 户、低保人口 58 人，五保户 7 户、五保人口 7 人。文盲半文盲 8 人，残疾人 20 人。少数民族以达斡尔族牧民为主，户数和人口数分别为 173 户和 391 人，占总人口的 97%。劳动力人数 200 人，占总人口的 49.6%，举家外出 5 户 20 人。现任书记是乌音图，受访人是嘎查的扶贫专干吴丽娟。

查干诺尔和温都尔两个嘎查的户均宅基地面积分别为 600 平方米和 840 平方米，砖瓦房和钢筋水泥房分别占

100% 和 96%，温都尔嘎查还有 10 户属于危房。

（二）查干诺尔嘎查共有草场面积 12.6 万亩，畜禽饲养面积 200 亩；温都尔嘎查共有草场面积 10.2 万亩，牧民都以饲养放牧牛为主要生活来源。2016 年牧民年人均纯收入分别为 7827 元和 8026 元。在市、旗、苏木各级产业扶贫政策的扶持下，两个嘎查分别成立了 3 个、5 个牧民合作社，培养了 25 个、15 个牧业专业大户，温都尔嘎查还建起了 2 个家庭牧场。两个嘎查牛的出栏量分别为 667 头、350 头，市场均价 24 元/公斤；羊的出栏量分别为 2868 只、1200 只，市场均价为 9 元/公斤；查干诺尔嘎查马的出栏量为 119 匹。

表 2-1　查干诺尔嘎查和温都尔嘎查的牧民合作社

名称	成立时间	社员户数	业务范围	总资产（万元）	总销售额（万元）	分红额（万元）
敖日其楞合作社	2014.5	5	畜牧	56	0	0
塔赫布德合作社	2014.1	7	畜牧	10	8	0
海华合作社	2011.11	5	畜牧	5	0	0
伊桑牧民合作社	2014.5	7	畜牧	20	20	9
莫日根木雕合作社	2013.4	31	工艺	100	40	30
家和牧民合作社	2013.3	27	畜牧	35	30	10
朝克牧民合作社	2012.5	36	畜牧	120	60	50
塔拉牧民合作社	2011.7	5	畜牧	200	100	70

资料来源：精准扶贫精准脱贫百村调研——查干诺尔嘎查和温都尔嘎查调研。

（三）两个嘎查的通村道路均为硬化水泥路，路面分别宽 6 米和 3 米，长度分别为 5 公里和 4 公里；嘎查内通组道路长度分别为 4 公里和 5 公里，均有路灯；各有未硬化路段 1.5 公里和 3 公里。温都尔嘎查有村内有线广播和互联网电脑，家中有电脑的户数达 60 户，查干诺尔嘎查没有有线广播，有电脑的也仅有 4 户；两嘎查使用卫星电视的户数分别为 180 户和 174 户，占总户数的 96.8% 和 100%，但查干诺尔嘎查还有 20 户没有电视机，3 户没有电话或手机；两个嘎查的手机信号覆盖率均达 100%；温都尔嘎查有一个卫生室，有一名医生。而距离查干诺尔嘎查最近的卫生室在 5 公里之外。当前两个嘎查身患大病的牧民分别有 2 人和 10 人。温都尔嘎查有一个敬老院，居住着 2 名孤寡老人。两嘎查民用电通电率分别为 75.6% 和 86.2%，但供电非常不稳定，全年停电次数达 30 次。温都尔嘎查有垃圾箱 20 个，两嘎查垃圾集中处理率分别为 10% 和 30%；饮用水源受保护的井水或泉水比例分别达到 70% 和 80%，自来水供应仅查干诺尔嘎查达到 30%；温都尔嘎查有机电井 18 个，查干诺尔嘎查有 160 个；参加新型合作医疗的户数分别为 94 户和 173 户，人数分别为 236 人和 337 人，参与率分别为 73.8% 和 83.6%；参加社会养老保险的人数分别为 170 人和 100 人，参与率仅为 53% 和 24.8%；低保人数分别为 48 人和 58 人，温都尔嘎查还有 7 人为五保供养人。

（四）查干诺尔嘎查现有中共党员 14 人，6 人是高中及以上文化，3 名党支部书记；温都尔嘎查有党员 27 人，11 人是高中及以上文化，5 名党支部书记；村民代表分别为 15 人和 14 人，村委会人数都是 3 人，监督委员会人数都是 5 人；各类专职人员工资全年支出均为 52800 元。

（五）在两个嘎查总人口中，3~5 岁的儿童数分别为

30 人和 14 人。查干诺尔嘎查没有幼儿园，但所有孩子都就近入园，入园率达 100%；温都尔嘎查有一个公立幼儿园，却有一个孩子没入园，幼儿园费用为 300 元/月，学前班费用为 500 元/月。小学适龄儿童分别为 45 人和 27 人；其中在旗市上学的分别为 18 人和 27 人；查干诺尔嘎查有 27 人到外地学校上学。距离本嘎查最近的小学分别为 65 公里和 20 公里。温都尔嘎查所在的巴彦塔拉苏木有一所中学，距离为 10 公里，本嘎查有 6 人在苏木中学住校学习，有 8 人在旗中学住校学习；而查干诺尔嘎查有 18 人在旗中学住校学习。温都尔嘎查有一个面积为 100 平方米左右的图书馆，藏书 70000 册，有一个健身场所和一个棋牌室。

（六）上级财政补助两嘎查每年分别为 36000 元和 100000 元，其中用于村组干部工资、水电书报等办公费支出为 62800 元和 67260 元，取暖费支出分别为 11000 元和 10000 元，查干诺尔嘎查有 7000 元的困难户补助支出。两嘎查财政扶贫投资分别为 100 万元和 200 万元，温都尔嘎查用于修建内部道路 2 公里和文化活动室建设，174 户牧民全受益；行政部门投资 160 万元用于温都尔嘎查新建自来水入户项目，受益牧民达 20 户。温都尔嘎查财政投资 45 万元、自筹资金 22.5 万元，用于解决 15 户用电问题。温都尔嘎查还自筹 2 万元解决 20 户牧民的宽带入网问题。同时，财政专项扶贫资金投资 24 万元，另自筹 12 万元用于 8 户牧民的危房改造。

查干诺尔嘎查财政投资 126.5 万元，修建 2.3 公里村内道路，财政扶贫投资 45 万元、自筹 5 万元，用于解决

10 户的用电问题。行政部门投资 135 万元、社会帮扶 38 万元用于温都尔嘎查的电网改造，受益牧民达 24 户。财政专项扶贫资金投资 90 万元用于 20 户的易地搬迁。

第二节　嘎查贫困现状及扶贫脱贫工作

2015 年 11 月 29 日，中共中央、国务院颁布了《中共中央国务院关于打赢脱贫攻坚战的决定》，这是指导打赢脱贫攻坚战的纲要性文件。在这个文件中，中央明确提出到 2020 年稳定实现农村贫困人口"两不愁、三保障"，即不愁吃、不愁穿，义务教育、基本医疗、住房安全有保障。作为典型的少数民族牧区嘎查，查干诺尔嘎查和温都尔嘎查在旗委旗政府的领导下，做了大量积极的扶贫脱贫具体工作，取得了一些明显的成效，同时也存在一些困难和问题。

为全面了解两个嘎查的具体扶贫脱贫工作及效果，课题组于 2016 年 12 月对嘎查干部就整体情况进行调查，在 2017 年 6 月又通过随机抽样，对 30 户贫困户和 30 户非贫困户进行了深入的问卷调查。通过问卷、走访、座谈等形式重点掌握了两个嘎查近 5 年的社会经济数据。首先，系统分析了其社会经济状况，包括人口数量、年龄结构、性别比例、健康状况、文化程度、民族构成、从业情况、收入来源、支出项目等；其次，全面梳理了其资源禀赋及生产生活环境情况，包括草场、林地、田地等的数量，牲畜、粮食作物的种类、数量、产量等，房屋、街道、公路等建筑情况，矿产资源、工商企业、机械设备、家庭财产，以及教育、医疗等情况；再次，深入了解了其生产经营方式、生活方式、风俗习惯等；最后，重点调研并全面详细掌握贫困人口及新脱贫人口的相关情况，并在此基础上准确找到牧区贫困人口致贫的原因与脱贫的路径中的个性与共性，从具体的案例入手，重点调研分析致贫与脱贫过程中制度、政策、管理、资金、措施、干部素质、群众素质、主观努力、行为习惯等各因素所起的作用，为广大牧区贫困人口的脱贫找出可推广、可复制、切实可行的精准扶贫办法，提出精准扶贫创新模式与推广建议，以更好地改善人民生活、实现共同富裕。

一 嘎查贫困现状及特点

从嘎查所在的鄂温克族自治旗来看，是内蒙古自治区的省级贫困县（旗），被列为自治区集中连片特困区域。截至 2016 年底，全旗还有建档立卡户 503 户 1116 人，非建档立卡户 333 户 761 人。2014~2016 年累计 987 人实现脱贫，2016 年全年减贫 64 户 104 人。虽然人口总量相对较少，但大部分贫困人口居住地偏远分散，贫困程度深、扶贫成本高、脱贫难度大。

2016 年鄂温克族自治旗地区生产总值仅占全市的 7.1%，低于全市平均水平。牧区常住居民人均可支配收入绝对数为 18969 元。人均消费支出绝对数为 11698 元，低于全市消费支出 1341 元，其中，用于"衣、食、住、行"的生活必需消费比例超过 60%，享受服务型消费支出所占比例甚小。

查干诺尔嘎查，2014~2016 年的贫困户数分别为 54 户、50 户、34 户，贫困人口分别为 102 人、91 人、77 人，2015、2016 年贫困人口脱贫率分别为 10.8%、15.4%。在贫困人口中，因病致贫、因学致贫和因缺劳动力致贫是三大主要现象。2016 年这三大致贫原因分别占 64.9%、6.4%、10.4%。

温都尔嘎查，2014~2016 年的贫困户数分别为 73 户、53 户、33 户，贫困人口分别为 100 人、86 人、57 人，2015、2016 年贫困人口脱贫率分别为 14%、33.7%。在贫困人口中，因学致贫、因病致贫和因缺劳动力致贫是三大主要现象。2016 年这三大致贫原因分别占 68.4%、5.3%、10.5%。

表 2-2　2014~2016 年贫困户和贫困人口及致贫原因

类别	查干诺尔嘎查			温都尔嘎查		
	2014	2015	2016	2014	2015	2016
贫困户数（户）	54	50	34	73	53	33
贫困人口（人）	102	91	77	100	86	57
因病致贫（人）	65	59	50	60	55	39
因学致贫（人）	7	6	5	4	3	3
缺劳动力致贫（人）	11	10	8	9	8	6
脱贫户数（户）	—	4	16	—	20	20
脱贫人口（人）	—	11	14	—	14	29
发展脱贫（人）	—	4	14	—	13	20

类别	查干诺尔嘎查			温都尔嘎查		
	2014	2015	2016	2014	2015	2016
社保兜底脱贫（人）	—	—	—	—	—	1
易地搬迁脱贫（人）	—	—	5	—	—	—
调出贫困户（户）	—	—	3	—	—	4
调出贫困人口（人）	—	—	6	—	—	7
调入贫困户（户）	—	—	2	—	—	2
调入贫困人口（人）	—	—	5	—	—	3

资料来源：精准扶贫精准脱贫百村调研——查干诺尔嘎查和温都尔嘎查调研。

二　两嘎查存在的突出困难

生活在鄂温克草原的查干诺尔嘎查和温都尔嘎查的牧民，长期以森林、草原为依托，以牧猎业生产为主，牧业逐水草而牧、猎业靠大自然恩赐，自然经济成为维系地区经济发展的主要支撑，自给自足的经济结构和牧业单一的生产方式导致抗风险能力差、生产生活成本高，发展相对落后，一旦遇有灾害，收入下滑，会导致大量人口成为贫困人口。主要表现如下。

（一）自然环境恶劣，基础设施落后

被调查的查干诺尔嘎查距离鄂温克旗所在地65公里，基础设施落后。饮用水源中，受保护的井水或泉水占比为70%，自来水供应率极低，仅为30%。就是离旗所在地仅10公里的温都尔嘎查的饮用水源中受保护的井水或泉水比

例也刚达到 80%，饮水质量较差；卫生设备单一，所有调查户厕所类型均为普通旱厕。加之近年来旱灾、冻灾等自然灾害频繁，严重影响了贫困人口的生产经营。

（二）思想贫困严重，脱贫意识较弱

查干诺尔嘎查以达斡尔族为主，温都尔嘎查以鄂温克族为主，作为"三少民族"的牧民，他们世代以游牧方式生产生活，主观上认为目前的生活已经有很大进步。同时文化知识比较匮乏，从调研问卷数据来看，被调查户的受教育程度较低，初中及初中以下文化水平占比高达 87.8%，因此思想交流和观念更新都存在困难，以致很多贫困户在思想层面没有很高的认识。同时，国家民族政策的倾斜，容易使"三少民族"地区贫困户产生"等""靠""要"的固化思想。从调研问卷的结果来看，一方面有 70% 村干部以及驻村扶贫工作人员认为对贫困户思想扶贫不够，他们存在"等""靠""要"的问题。另一方面，贫困户、脱贫户、非贫困户调查问卷结果显示，认为思想扶贫不够，存在"等""靠""要"问题的占比也达到了 36.7%。思想贫困成为影响脱贫的主要因素。

（三）原始积累不足，缺少发展资金

从调查问卷结果来看，超过 60% 的被调查人员认为"手中没钱"、缺少发展资金是影响脱贫的主要因素。2016年查干诺尔嘎查和温都尔嘎查的牧民年人均纯收入分别为 7827 元和 8026 元，比鄂温克旗农牧民人均收入 18969 元

少 11142 元和 10943 元。除去衣食住行等生活必要消费支出外，很难再有支撑生产消费的支出能力。在调查户问卷当中显示因病、因学和缺乏劳动力致贫的比例达到 77% 以上，这三方面是贫困户家庭当前面临的最主要问题。

（四）经济结构单一，产业扶贫缺乏带动力

在调查中了解到，两个嘎查都确定以产业脱贫为主要脱贫方式。但是，由于受传统生产方式、生活习惯、语言交流、文化程度、思想观念等影响，牧民其他劳务技能提升难度较大。嘎查也主要以畜牧产业为主，经济结构单一，集体经济薄弱，虽然地方特色农畜产品丰富，但缺少龙头企业的带动，品牌、市场过于薄弱，导致与实现精准扶贫提出的劳务收入目标有较大差距。一些扶贫产业的规划、设计不够精准，一些帮扶措施没有起到真正长效的脱贫效果。

（五）扶贫开发资金投入不足，期望值更高

从调研问卷结果来看，驻村扶贫工作人员中有 40%、村干部中有 20%、调查户中有 30% 的人认为扶贫开发资金投入不足。从公共财政预算收入看，2016 年鄂温克自治旗公共财政预算收入为 7.78 亿元，占呼伦贝尔全市的 7.3%。因此，除国家及上级专项扶贫资金以外，原本就困难的地方财政很难向扶贫开发有所倾斜。牧民在用水、用电、用网等方面受到的限制，不仅影响牧民的生产生活质量，也制约着嘎查经济社会发展。

（六）社会事业发展相对滞后

教育事业基础设施相对落后，教师办公、居住条件艰苦，缺乏双语、音、体、美教师，制约了少年儿童的全面发展；医疗卫生条件落后，医疗专业人员严重不足，乡、村卫生院（室）的功能基本上是输液、打针、卖药，常见病患者主要是到外地就医；农牧区文化、体育基础设施薄弱，农民群众精神文化生活贫乏。

三 嘎查精准扶贫精准脱贫工作的主要做法

（一）纵横交错的指挥体系是前提

旗委旗政府成立了以主要领导任组长的脱贫攻坚指挥部，下设专项推进组、特色产业推进组、驻村工作队等，建立了纵向到底、横向到边的指挥体系，直接深入各嘎查。所调研嘎查均有专人坐镇指挥、调度，实地督查基层的扶贫脱贫工作，深入群众，及时听取意见建议。同时，采取集中办公方式，每月召开一次推进会，及时研判形势、分析问题、解决困难，做实做细脱贫攻坚全过程中的每一步。

（二）责任到人的组织落实制度是基础

在全旗脱贫攻坚总方案、相关配套方案和各项工作制度的指导下，各苏木乡镇党政主要领导是承担脱贫攻坚工作的第一责任人，各专项推进组、驻村工作队是直接责任人，各司其职、各负其责，把脱贫攻坚作为头等大事抓实抓好。层层签订脱贫责任状。将各项实施方案和工作制度做到落地、落实、落细，措施符合嘎查实际，符合每个贫困户实际。

（三）精准识别全覆盖是手段

"千名干部遍访回访贫困嘎查贫困户"活动，即"回头看"，就是对2014~2016年已脱贫人口进行大走访、大排查，对脱贫成效再核查、再确认。同时对纳入当年脱贫任务的贫困户进行精准识别，真正把贫困人口是谁、在哪里、什么原因致贫等情况搞清楚，解决扶持谁的问题。对嘎查进行查遗补漏、清除盲点，将常态核查与动态管理相结合，将遗漏的、返贫的、致贫的及时纳入，将已脱贫的按要求及时调出，将不符合条件的及时剔除，确保建档立卡普查实、信息准、管理细，增强数据的可信度和权威性。这方面工作以各帮扶干部为主体，各第一书记、驻村干部、苏木乡镇对工作成果进行审核把关，对嘎查基础组织逐一入户、认真核对，全面掌握情况，准确填写《贫困户基础信息采集表》，要求入户率达到100%。

（四）产业扶贫是主要措施

旗委旗政府立足贫困嘎查和贫困户实际，以市场需求为导向，按照宜农则农、宜林则林、宜牧则牧、宜商则商、宜游则游的原则，紧盯建档立卡贫困人口规划产业、制定政策、设计项目、安排资金，促进贫困群众稳定增收。坚持把发展现代畜牧业作为重点，支持贫困嘎查和贫困户因地制宜发展现代畜牧业，重点打造一批现代化肉牛、肉羊养殖基地和农畜产品深加工基地。充分发挥龙头企业、专业合作社的带动作用，以补贴、扶持等方式，与贫困户建立利益联结机制。重点扶持发展蔬菜种植、食用菌种植、大鹅和笨鸡养殖、民族食品生产加工和中蒙医药材种植等特色种植、养殖等方面的庭院经济和民族手工艺文化，实现牧民就地转移就业。为贫困户提供产前、产中、产后服务，化解市场风险、增强服务功能，促进贫困群众稳定增收。坚持把发展旅游脱贫作为脱贫导向，立足资源、文化、民俗等发展旅游业的优势条件，抓住自治区发展全域旅游、四季旅游和实施"旅游+"战略的机遇，因地制宜走出一条旅游脱贫的新路子。大力开发形式多样、各具特色的旅游产品，大力发展生态观光畜牧业和牧户游，把畜产品变成旅游产品，把蒙古包变成旅游设施，让旅游红利更多地惠及贫困群众。

各级干部在入户过程中，加强产业扶贫政策解读和引导，让有劳动能力和创业愿望的贫困户，详细了解每一项产业扶贫措施如何推进、效益怎样，由群众结合自身能力特点选择产业项目以促进增收。同时，各产业推进小组和各相关部门对项目的立项、申报、审批以及补贴发放提供高效便捷服务，并加强对产业项目全过程的技术指导与服务，积极与各大企业、经销商开展对接，解决产业发展中遇到的各种问题。

（五）增强牧民脱贫意愿是根本

以提高群众满意度为根本出发点和落脚点，组织各级干部深入贫困户，对一些脱贫愿望不强烈、自身能力差、等待观望的贫困户，进行教育引导，帮助他们鼓足脱贫信心和勇气，不断增强内生动力和脱贫意愿。充分利用多种形式，深入宣传中央、自治区、呼伦贝尔市、鄂温克族自治旗等各级政府精准脱贫的重要方针政策和决策部署。深入推进牧区精神文明建设，引导群众抵制陈规陋习，发扬勤俭节约优良传统，把更多的心思用到脱贫致富上来。积极宣传先进典型，将各地各部门精准脱贫的好经验、好做法总结好、推广好，营造强大的宣传声势。进一步做好群众工作，畅通群众表达意愿和诉求的渠道，及时回应群众关切，把提高群众满意度工作做在脱贫攻坚的每时每刻、每个环节。

（六）扶贫措施讲实效是路径

通过梳理所有的惠民惠牧政策和行业政策，最大限度地挖掘潜力，归纳行之有效的脱贫举措，集中所有的资金、项目等资源，全部用于贫困群众，形成民生工程、生活基本保障、读书保障、卫生保障等多领域的帮扶措施"菜单"，在充分掌握扶贫对象的生活习惯、劳动技能等情况的基础上，主动问需于民，倾听困难群众的发展意愿，尊重贫困户的意愿，引导群众"点菜"，即《鄂温克旗2017年精准脱贫措施》中确定的67条具体措施。这些措施经过不同的排列组合，可以形成对每家每户个性化的帮扶措施。各驻村工作队、第一书记、帮扶干部在坚持把握"好实现、效益好"两个原则的基础上，与贫困户一对一地共同商定、共同认可，精准确定每户的脱贫方案，综合施策、因户施策、因人施策、一户一策，打一套脱贫攻坚的组合拳。同时，大力推行"账单式"工作法，建立"跟踪账本"，将帮扶措施成效纳入贫困户的年账单、季账单、月账单和周账单，把责任落实到每一个责任单位和责任人身上，提高脱贫效率。各相关部门协调配合，服务、服从于精准脱贫工作大局，畅通工作流程，优化工作环境，释放政策红利，推动这些政策措施落地。

（七）加大扶贫资金投入力度是条件

2016 年全旗安排脱贫攻坚工作资金 6500 多万元。将这些资金优先用于精准扶贫精准脱贫攻坚工作，保证各产业发展项目、社会保障政策等所需资金及时拨付到位。财政局、审计局要加强资金监督管理，规范审批流程，严格项目审计，确保各项资金及时、高效、规范、安全使用。同时，把金融扶贫作为增加投入的重要举措，用好国家扶贫开发信贷优惠政策，引导金融机构放大扶贫资金的投放规模，通过与农业银行关于金融扶贫资金的创新合作，实现发放金融贷款 5000 万元。借鉴先进地区做法，与扶贫龙头企业合作，将扶贫资金折量入股，实现资产收益扶贫。启动中国扶贫基金会和农信小额贷款项目，为选择特色产业脱贫的贫困户提供信贷支持。最大限度地统筹整合财政涉牧资金，制定《鄂温克旗涉农涉牧资金方案》，统筹整合使用好各行业、各级次、各渠道的涉牧资金，形成"多个渠道引水，一个龙头放水"的扶贫投入新格局，提高资金使用精准度和效益，在资金投入上做好保障。

（八）扶贫基础工作扎实推进是动力

建立了贫困户家庭脱贫档案，不断完善贫困户家庭基本情况、生产情况等信息，详细记录贫困户发展生产、社会保障、临时救助等方面所取得的各类收入，为贫困户精准退出奠定基础。加强档案规范化建设工作，指导各专项推进组、各战区，做到脱贫攻坚档案收集完整，分类科学合理，整理规范简明，经得起各级的检验和群众的认可。充分发挥大数据平台的作用，做好数据统计、分析、监测工作，实现对贫困户及脱贫攻坚工作的信息化动态管理。

（九）改善公共服务基础设施是保障

着力解决贫困群众出行难、饮水难、网络难、住房难等实际问题，帮助贫困嘎查不断改善发展条件、加快脱贫步伐。启动了 5 条总里程 221 公里的苏木级公路项目建设，打通旗内交通旅游环线，解决偏远地区贫困牧民出行问题；完成了 40 眼机井建设，解决 240 户贫困户人畜安全饮水问题；全面完成了 96 户 195 人的易地搬迁，并完善后续扶持政策；完成 60 户建档立卡贫困户危房改造任务；加快推进牧区信息网络覆盖和"宽带乡村"工程建设，不断提高牧区信息化水平。同时，着力加快贫困地区生态保护修复，综合治理突出的环境问题，认真落实新一轮草原生态保护补助奖励政策，逐步扩大生态保护补偿范围，积极开发、增设生态公益岗位，提高贫困人口的参与度和收益水平。

（十）督查指导工作深入是助力

把脱贫攻坚实绩纳入年度考核，作为选拔任用干部的重要依据，作为检验党员干部作风建设的主要手段。旗级督导检查组采取随机抽查、不打招呼、直接到村、直奔到户的办法，真督实查、见人见事。纪检、组织部门对那些坚守在贫困地区一线、实绩突出的干部优先考虑提拔重用；对在岗不作为、工作不上心、措施不得力、脱贫攻坚进展缓慢的，点名道姓公开曝光典型案例，对违反相关工作纪律的，要进行严厉问责。

第三章

两嘎查入户调查数据统计分析

本次调研在查干诺尔嘎查和温都尔嘎查随机抽取了建档立卡的贫困户 30 户和非贫困户 30 户。低保贫困户占低保户总数的 67%，二者具有较高的一致性。这符合贫困户的确认逻辑，具有内在的合理性。[①]

---

① 本章数据来自精准扶贫精准脱贫百村调研——查干诺尔嘎查和温都尔嘎查入户调研。

第一节　入户调查数据统计分析

一　家庭情况

（一）家庭成员

1. 户主

30 户贫困户中男户主 17 户，占 56.7%，女户主 13 户，占 43.3%；非贫困户 30 户中男户主 24 户，占 80%，女户主 6 户，占 20%。30 户贫困户中以 50、60、70 三个年代出生人员为主，有 25 户，80 年代出生人员仅有 4 户，占 13%；30 户非贫困户中 80 年代出生的有 14 户，占到 47%，这说明贫困户的人口年龄偏大。贫困户中户主性别上男女比例接近；非贫困户中以男性户主为主，男户主数量是女户主的 4 倍。这可能从一个方面说明，男人在家庭中担负着更多的责任，对一个家庭的经济状况会有更积极作用。

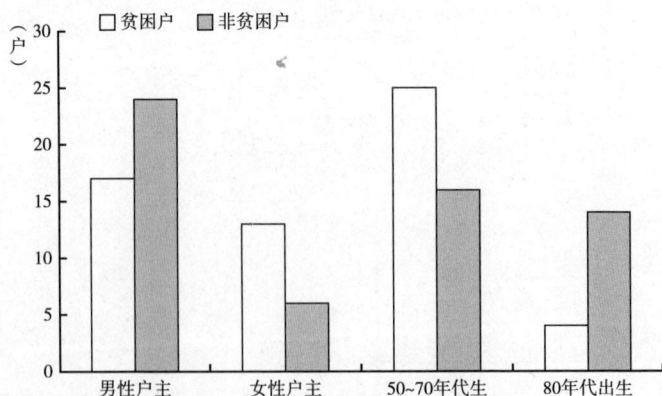

图 1　贫困户与非贫困户户主性别年龄对比

2. 文化程度

贫困户中有 18 户具有小学及以下文化，初中文化为 10 户，高中文化为 2 户；非贫困户小学及以下文化的仅有 4 户，初中文化为 15 户，高中文化为 5 户，中专文化为 3 户，大专文化为 3 户。贫困户小学及以下文化占 60%，非贫困户小学及以下文化占 13%。这说明文化程度与贫困程度具有显著相关性，文化水平越低贫困的可能就越大。

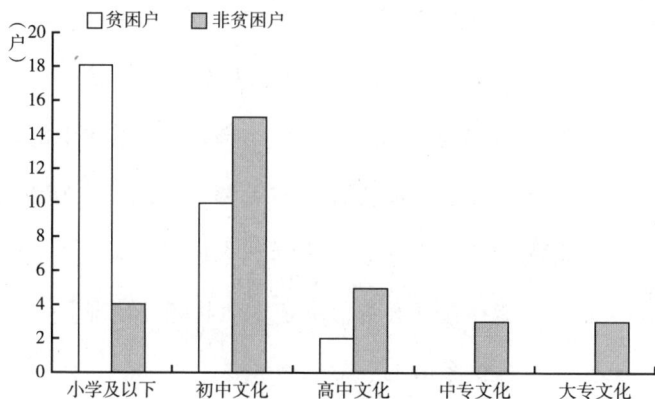

图 2　贫困户与非贫困户文化程度对比

3. 婚姻状况

贫困户中未婚 2 户，离异 3 户，丧偶 8 户，有配偶的 17 户；非贫困户中未婚 1 户，离异 2 户，丧偶 2 户。贫困户未婚数、离异数、丧偶数均高于非贫困户，尤其是丧偶数，贫困户是非贫困户的 4 倍。这说明婚姻状况与贫困程度具有显著相关性，婚姻状况越差越贫困，或者说越贫困婚姻状况越差。

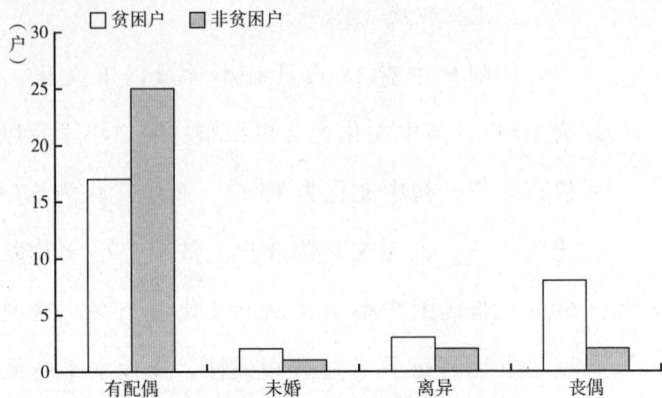

图3 贫困户与非贫困户婚姻状况对比

4. 社会身份

贫困户中29户是普通村民，1户其他；非贫困户中20户为普通村民，7户村干部，2户退休干部，1户其他。非贫困户中有的担任了村干部，贫困户中则没有担任村干部的。这一方面说明生活状态影响了社会身份，另一方面也可能存在社会身份决定生活状态的情况。

5. 健康状况

贫困户中健康的有10户，长期慢性病的有13户，大病

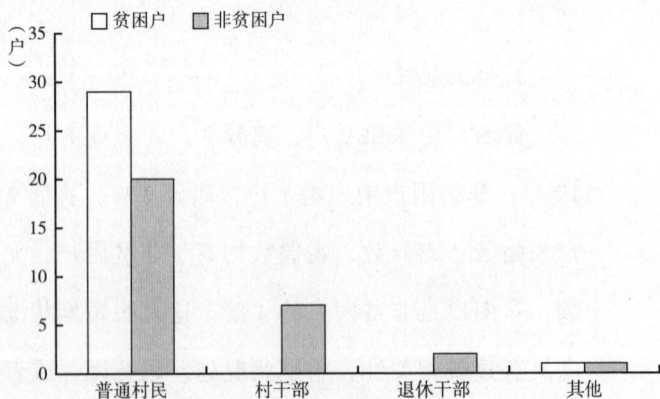

图4 贫困户与非贫困户社会身份对比

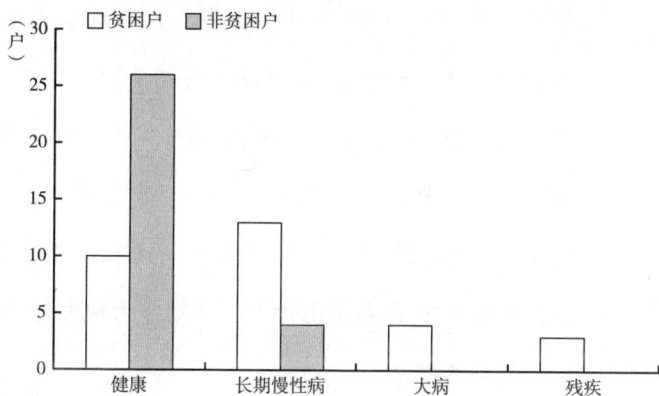

图5　贫困户与非贫困户健康状况对比

的有 4 户，残疾的有 3 户；非贫困户中健康的有 26 户，长期慢性病的有 4 户。贫困户与非贫困户的病残比例是 5∶1。贫困户中大病慢病残疾占了 67%，非贫困户中 13% 的有慢病。从病残占贫困户总数的比例上，以及这一比例与非贫困户病残比例的对比上，均可知道病残是致贫的主要原因。

6. 劳动、自理能力

贫困户中普通全劳动力 12 户，部分丧失劳动能力 3 户，无劳动能力但有自理能力 15 户；非贫困户中普通全

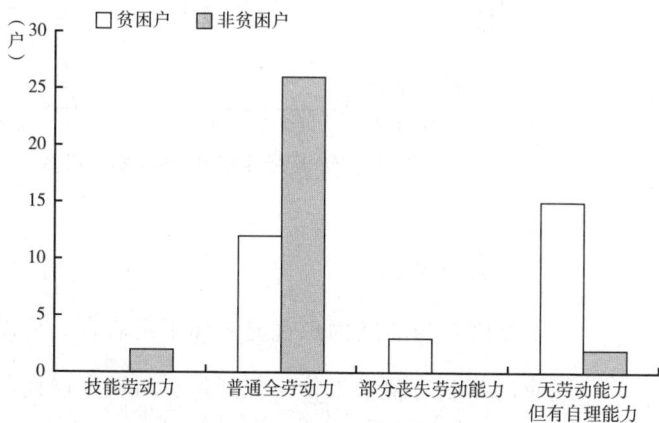

图6　贫困户与非贫困户劳动、自理能力对比

劳动力 26 户，技能劳动力 2 户，无劳动能力但有自理能力 2 户。贫困户中有 18 户缺失劳动能力，是非贫困户的 9 倍。贫困户中无劳动能力的占 50%，另有 10% 部分丧失劳动能力，其余 40% 为普通劳动力；非贫困户中无劳动能力的仅占 6.7%，93.3% 有劳动能力，其中 86.7% 为普通劳动力，另有 6.7% 是技能劳动力。劳动能力缺失与贫困正相关。

7. 务工状况

贫困户中在乡镇内务工的 3 户，在乡镇外县内务工的 1 户，其他（在家务农）24 户；非贫困户中在乡镇内务工的 3 户，其他（在家务农）25 户。贫困户与非贫困户的务工状况差别不大。

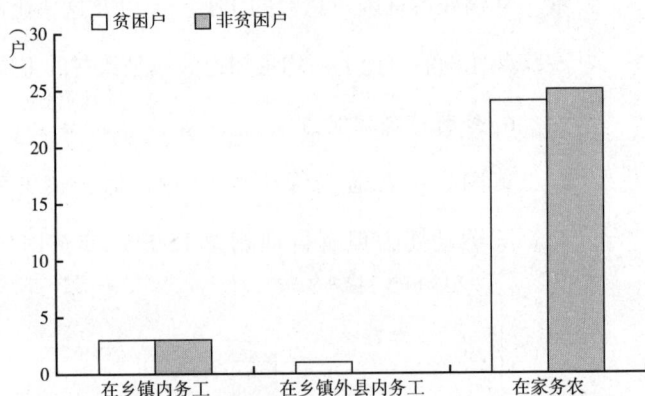

图 7　贫困户与非贫困户务工状况对比

8. 医疗保障

贫困户与非贫困户普遍参加了新农合。可以看出鄂温克旗的新农合覆盖工作十分到位，对城乡居民的医疗保障发挥了基础性作用，给兜底脱贫提供了条件。

9. 养老保障

贫困户中参加城乡居保的 24 户，非贫困户中参加城乡居保的 19 户。贫困户 80% 参加了城乡居保，略高于非贫困户的参保率。城乡居保的保障水平偏低，可能对贫困户的吸引力较对非贫困户稍大一些，更大的可能是参保与贫困户年龄偏大、面临养老问题有关。

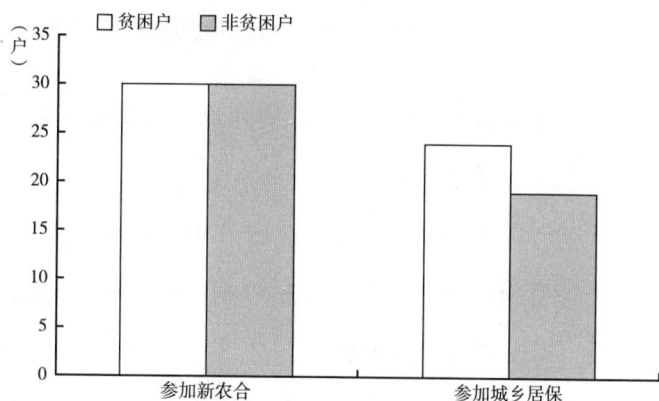

图 8　贫困户与非贫困户医疗与养老保障对比

10. 户籍类型

贫困户中牧业户 27 户，居民户 3 户；非贫困户中牧业户 26 户，非牧业户 3 户，居民户 1 户。贫困户均为牧业户与居民户，非贫困户以牧业户为主，但有 10% 的非牧业户。

（二）配偶情况

1. 文化程度

贫困户婚姻正常的 17 户中，配偶小学以下文化程度的有 8 户，占比近半；非贫困户婚姻正常的 25 户中，配

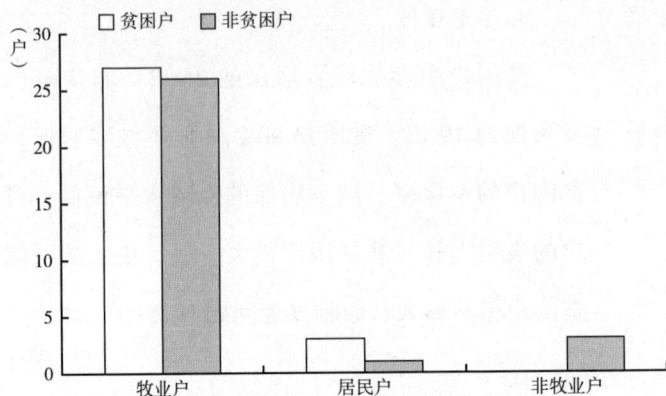

图9 贫困户与非贫困户户籍类型对比

偶小学以下文化程度的仅有 4 户，占比仅 16%。

2. 健康状况

贫困户中婚姻正常的 17 户中，有 10 户病残，占 59%；非贫困户中婚姻正常的 25 户中，病残 4 户，仅占 16%。

3. 劳动、自理能力

贫困户中婚姻正常的 17 户中无劳动能力 8 户，占比近半；非贫困户中婚姻正常的 25 户中无劳动能力 2 户，占比 8%。

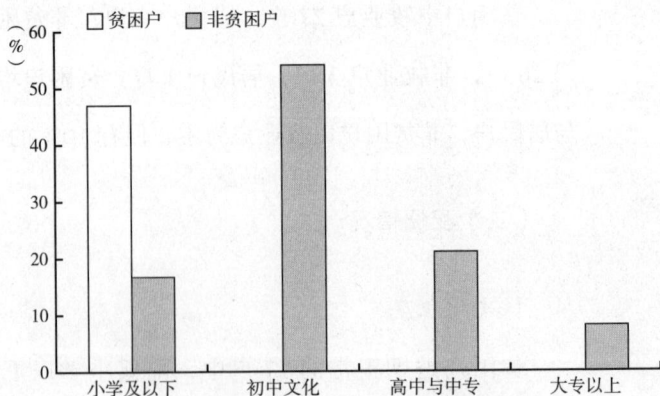

图10 贫困户与非贫困户配偶文化程度对比

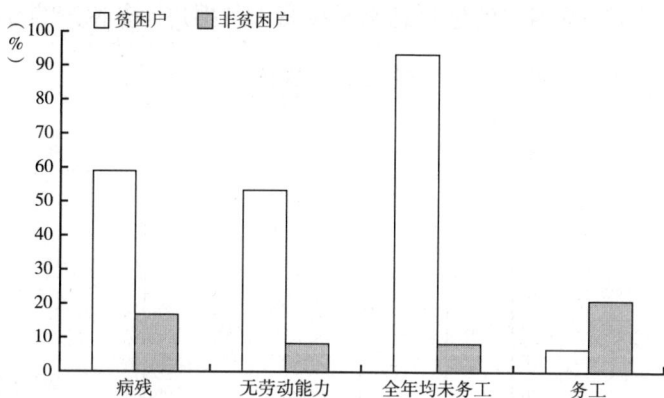

图 11 婚姻正常贫困户与非贫困户配偶健康状况与劳动自理能力对比

贫困户中婚姻正常的占 56.7%, 仅有 1 人的配偶务工, 其余全年均未务工; 配偶普遍参加了新农合与城乡居保。非贫困户中, 其配偶文化程度在小学及以下的约占 17%, 初中文化的占 54%, 高中与中专的占 21%, 大专以上的占 8%。配偶完全丧失劳动能力的占 8%, 部分丧失劳动能力的占 4%。配偶务工的占 21%, 其余在家务农; 部分配偶参加了新农合, 参加城乡居保的占 58%。

从配偶情况来看, 非贫困户配偶的文化程度要明显高于贫困户的配偶, 非贫困户配偶的健康状况也明显好于贫困户配偶, 贫困户配偶的病残率高于非贫困户配偶, 未务工比例也更高。

(三) 子女情况

30 户贫困户中有 11 户有子女, 有子女户数占 36.7%; 非贫困户中有 19 户有子女, 其中 7 户有双子女, 有子女户数占 63.3%。这说明贫困状况与生育意愿密切相关, 非贫困户的生育意愿明显高于贫困户。贫困户与非贫困户的子女均能正常接受学校教育。

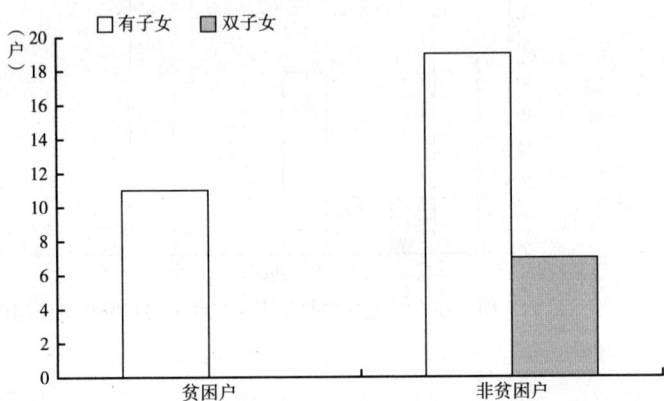

图12　贫困户与非贫困户子女情况对比

二　生活条件

（一）住房

1. 住房满意度

30 户贫困户中有 4 户对住房情况不太满意，其中 1 户为自有住房、3 户为借用住房；30 户非贫困户中有 1 户对住房情况不太满意，为自有住房。

2. 房屋造价

26 户贫困户房屋平均造价 1.73 万元；29 户非贫困户房屋平均造价 4.92 万元，其中有 5 户房屋造价较高，户均造价 15.8 万元。

3. 住房状况

29 户贫困户中有 2 户房屋被政府认定为危房，2 户没有认定但属于危房；30 户非贫困户中有 3 户没有认定但属于危房。

4. 住房建筑材料

29 户贫困户中有 5 户为砖混建筑，建筑面积 66 平方米；30 户非贫困户中有 11 户砖混建筑，建筑面积 86 平方米。

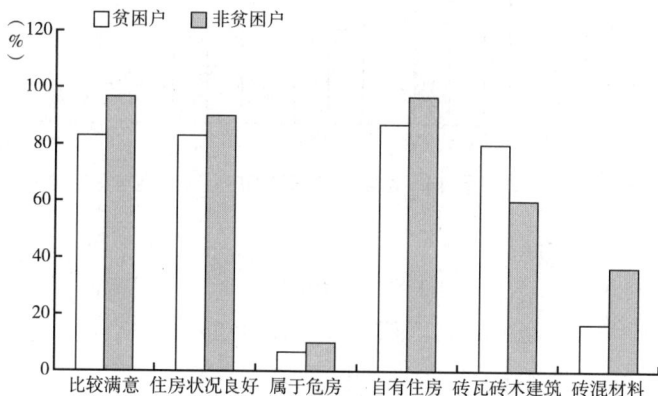

图 13　贫困户与非贫困户住房情况对比

（二）生活设施

1. 包括取暖设施、淋浴设施、互联网宽带等

30 户贫困户中有 21 户取暖以炕炉子为主，30 户非贫困户中有 18 户以土暖气为主；普遍没有淋浴设施；贫困户中有 7 户、非贫困户中有 11 户有互联网；普遍饮用受保护的井水，没有管道。

2. 炊事能源

30 户贫困户中用煤炭的 9 户，用液化石油气的 2 户，用牛粪的 15 户；30 户非贫困户中用煤炭的 17 户，用液化石油气的 7 户，用牛粪的 4 户。

3. 厕所污水

贫困户中有 14 户将垃圾送到垃圾池，有 13 户定点堆

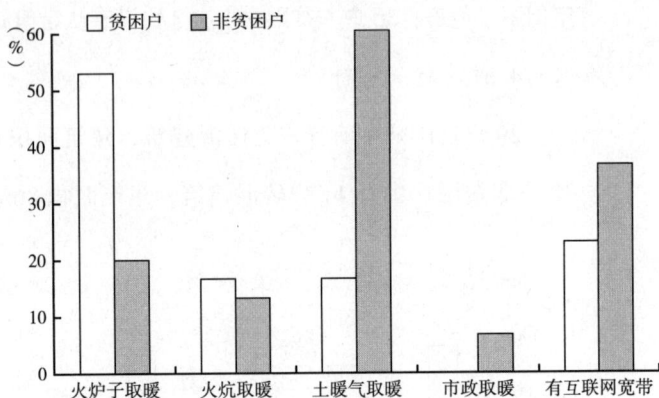

图 14　贫困户与非贫困户取暖设施与宽带情况对比

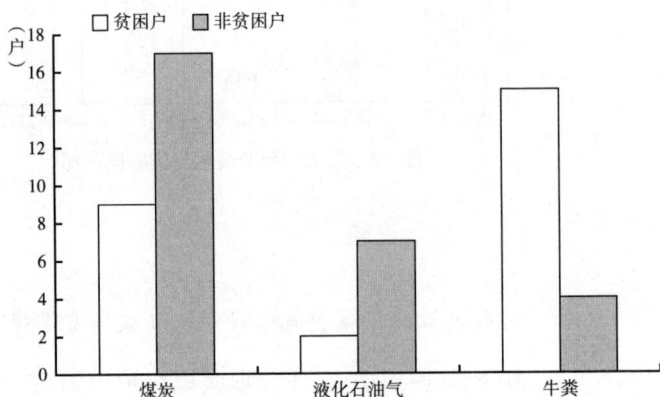

图 15　贫困户与非贫困户炊事能源状况对比

放；非贫困户中 10 户送到垃圾池，定点堆放 18 户。贫困户污水随意排放的 11 户，其他 15 户；非贫困户污水随意排放的 14 户，其他 13 户。

　　贫困户对住房条件比较满意的占 83%，认为住房状况良好的占 83%，政府认定为危房的占 6.7%，独立拥有自有住房的占 87%。住房全是平房；平均造价 1.73 万元；住房建筑材料为砖瓦砖木的占 80%，砖混材料的占 16.7%；平

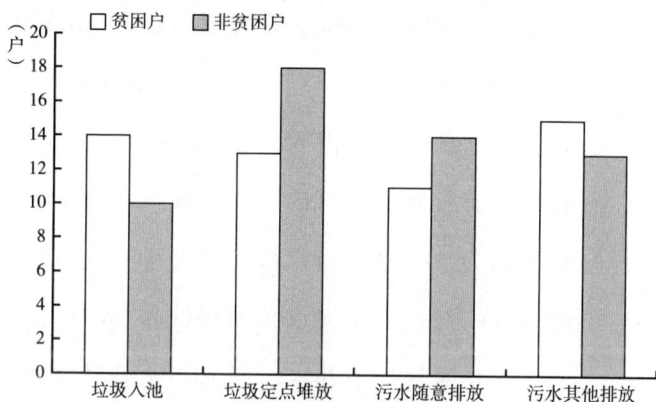

図16 贫困户与非贫困户垃圾污水处理对比

均建筑面积66平方米。取暖方式以火炉子为主,占53%;火炕与土暖气均占16.7%。都没有沐浴设施,有互联网宽带的占23%。离最近硬化公路的距离平均为400米;入户路为泥土路的占63%,为砂石路的占6.7%,为水泥或柏油路的占30%。饮用水源有93%是受保护的井水,有3%是经过净化处理的自来水(是管道供水),有3%是其他水源;普遍没有供水管道设施;有1户取水较远。主要炊事能源以牛粪为主,占50%,使用煤炭的占30%,用罐装液化气和电的占13%。全部使用传统旱厕。生活污水排放方面仅有1户(占3%)是管道排放,1户排到家院里渗井,其他属于随意排放。

非贫困户对住房条件比较满意的占96.7%;住房状况良好的占90%;政府没有认定但属于危房的占10%;独立拥有自有住房的占96.7%。住房96.7%是平房,1户(占3.3%)是楼房;平均造价4.92万元;住房建筑材料砖瓦砖木的占60.1%,砖混材料的占36.6%,钢筋混凝土的占 3.3%；平均建筑面积 86 平方米。取暖方式以土暖气为主，占 60%；火炉子占 20%；火炕占 13.3%；市政取暖占 6.7%。仅 1 户（占 3.3%）有沐浴设施。有互联网宽带的占 36.7%。离最近硬化公路的距离平均为 574 米；入户路为泥土路的占 30%，为砂石路的占 33.3%，为水泥或柏油路的占 36.7%。饮用水源有 83.3% 是受保护的井水，有 13.3% 是经过净化处理的自来水（是管道供水），有 3% 是其他水源。主要炊事能源以煤炭为主，占 56.7%；使用罐装或管道液化气的占 23.3%，用牛粪的占 13.3%；用电的 1 户（占 3.3%）。使用传统旱厕的占 93.3%，有 6.7% 使用卫生厕所。生活垃圾送到垃圾池的占 33.3%，定点堆放的占 60%。生活污水排放有 2 户（占 6.7%）是管道排放，1 户排到家院里渗井，14 户属于随意排放。

虽然在对住房条件的满意度上贫困户与非贫困户的满意度都很高，住房状况良好的比例也很高，但是对比各项具体指标可以知道，二者还是存在着明显的差距。房屋造价非贫困户是贫困户的近 3 倍，非贫困户使用砖混钢混建筑材料的超过贫困户，建筑面积比贫困户大，非贫困户使用暖气取暖的比贫困户多。炊事能源方面非贫困户使用液化气与煤炭的比重都是贫困户的数倍，在入户路等其他各方面同样存在差距。

另外，从统计数据中可以看出，无论是非贫困户还是贫困户，在生活卫生设施上，在生活垃圾处理与生活污水排放上都需要巨大的改进。

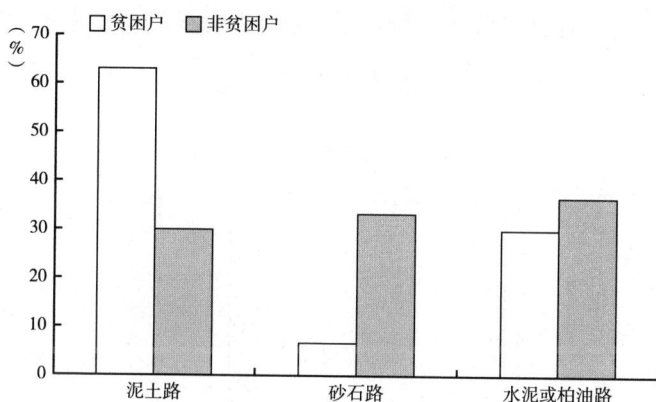

图 17 贫困户与非贫困户入户路质量对比

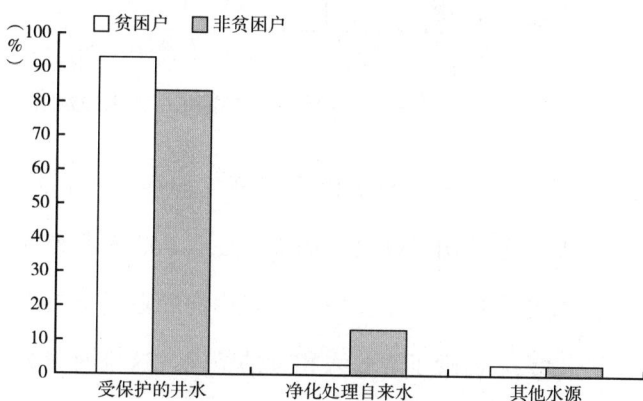

图 18 贫困户与非贫困户饮用水源质量对比

三 生活状况

（一）家庭收入

调研的 30 户贫困户家庭年均纯收入 2.10 万元，非贫困户 2.28 万元。贫困户工资性收入 1.57 万元，农业经营收入 1.83 万元，低保金收入 7037 元，补贴性收入 9734 元；非贫困户工资性收入 2.68 万元，农业经营收入 6.61 万元，补贴性收入 7290 元；贫困户农业经营支出 1.92 万元，非贫困户农业经营支出 7.29 万元。

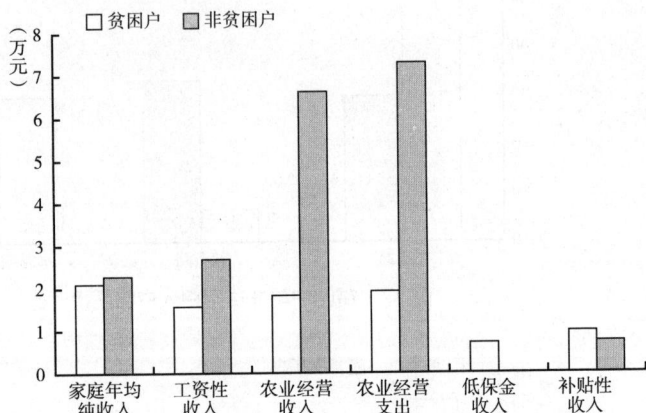

图19 贫困户与非贫困户家庭收支对比

非贫困户与贫困户家庭年均纯收入有差距，但不明显。非贫困户在具体的工资性收入、农业经营收入上明显高于贫困户；主要由于非贫困户农业经营支出远高于贫困户，才出现了纯收入相近的情况。这说明非贫困户的经济活动也就是农业生产经营活动的数量频率强度都要远高于贫困户。非贫困户中约有半数认为家庭收入一般，略高于贫困户；认为家庭收入较低和非常低的也近半数，略低于贫困户。在对家庭收入认为一般的、不太满意的、很不满意的比例上二者几乎一致。这说明对更高的家庭收入的追求是社会普遍现象。非贫困户的生活消费支出是贫困户的近 1.4 倍，在教育、合作医疗、养老保险上的支出相近；非贫困户的食品支出是贫困户的 1.5 倍、礼金支出是 2.6 倍；贫困户户均支出医疗费却达到了非贫困户的 2 倍。

30 户贫困户中认为收入一般的有 11 户，认为较低的

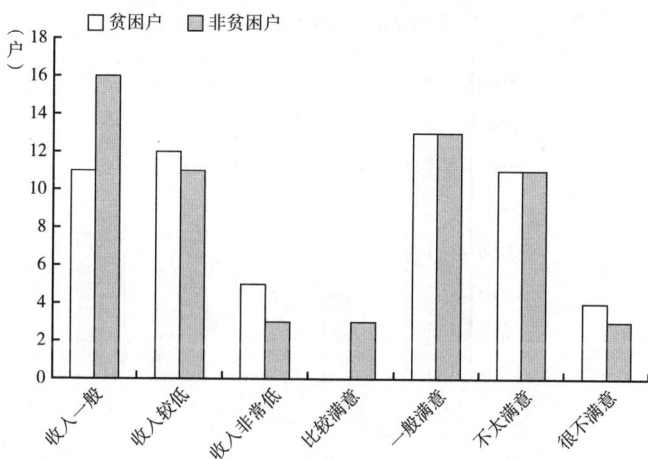

图20　贫困户与非贫困户家庭收入认知与满意度对比

有 12 户，认为非常低的有 5 户；30 户非贫困户中认为收入一般的有 16 户，认为较低的有 11 户，认为非常低的有 3 户。30 户贫困户中认为满意度一般的有 13 户，认为不太满意的有 11 户，认为很不满意的有 4 户；30 户非贫困户中认为满意度一般的有 13 户，认为不太满意的有 11 户，认为很不满意的有 3 户，认为比较满意有 3 户。

（二）家庭支出

生活消费支出。30 户贫困户户均支出 2.62 万元：食品支出 6807 元，合作医疗支出 445 元，其中 21 户户均支出医疗费 1.08 万元、11 户教育支出户均 1.90 万元、19 户养老保险费 288 元、21 户礼金户均 2547 元。30 户非贫困户户均支出 3.57 万元：食品支出 1 万元，合作医疗支出 553 元，其中 18 户户均支出医疗费 5194 元、24 户教育支出户均 1.71 万元、26 户养老保险费 146 元、29 户户均礼金 6758 元。

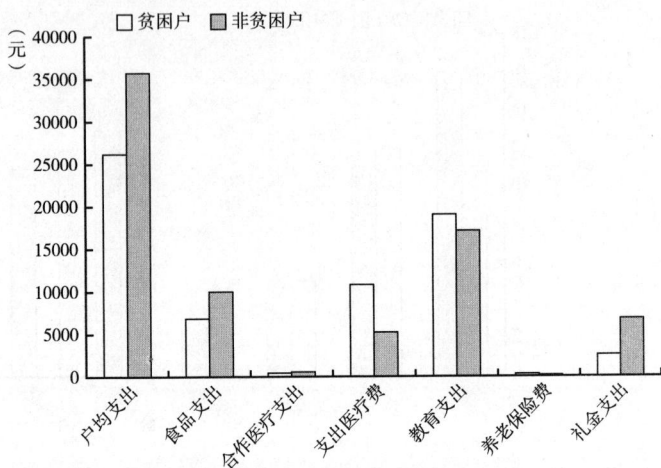

图21 贫困户与非贫困户家庭支出对比

（三）家庭财产

在 30 户贫困户中，29 户有彩色电视机，21 户有洗衣机，22 户有电冰箱，6 户有电脑，联网的智能手机有 52 部，18 户有摩托车，1 户有面包车，10 户有拖拉机（其中 2 户有 2 台），有 5 户有其他农业机械 5 台。30 户非贫困户中，29 户有彩色电视机，29 户有洗衣机，29 户有电冰箱（其中 4 户有 2 台），17 户有电脑，联网的智能手机有 62 部，25 户有摩托车（其中 2 户有 2 台，1 户有 4 台），20 户有轿车或面包车（其中 2 户有 2 台），17 户有拖拉机（其中 7 户有 2 辆、1 户有 4 辆、1 户有 5 辆），另 13 户有其他农业机械 19 台。贫困户与非贫困户在拥有彩色电视机、洗衣机、电冰箱、智能手机等家用电器上差距不大或基本一样，但非贫困户相比于贫困户，拥有电脑数更多，在拥有摩托车上数量也更多，面包车、轿车、拖拉机、其他农业机械也超出许多。这说明非贫困户拥有更多的劳动工具性生产资料，拥有更强大的生产能力。

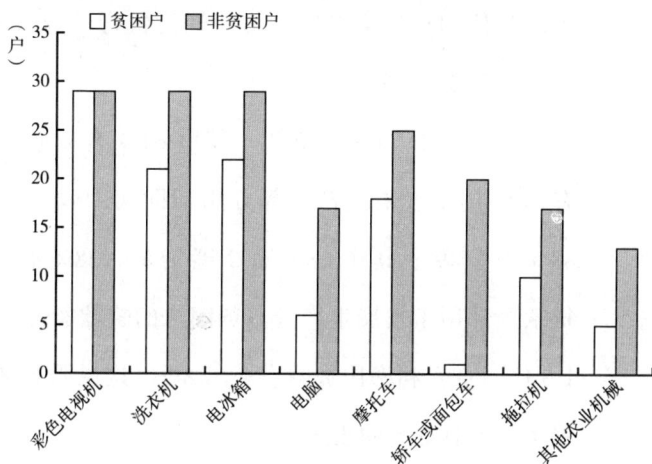

图22 贫困户与非贫困户家庭财产对比

（四）家庭存贷款

1. 家庭存款

在 30 户贫困户中有存款的为 0 户，30 户非贫困户有 1 户有 5 万元存款。贫困户家庭没有存款，非贫困户家庭个别有少量存款。30 户贫困户中 23 户有贷款，户均 11.02 万元，23 户中有 14 户有 2 笔贷款，贷款以 3 年期为主，第一笔贷款平均月利率 7.78‰；借贷主体以信用社、银行为主，第一笔多为信用社，第二笔为银行；贷款用途为 16 户发展生产，4 户助病助残。

2. 家庭贷款

30 户非贫困户中 25 户有贷款，户均 17.08 万元；25 户中有 17 户有 2 笔或以上贷款；17 户中有 7 户有 3 笔贷款。贷款以 3 年期为主，第一笔平均月利率 8.39‰，三笔贷款的月利率逐笔下降。借贷主体以信用社、银行为主，第一笔多为信用社，第二笔、第三笔为银行。贷款用途方面，25 户全部为发展生产。

贫困户中 77% 有贷款，其中 61% 有 2 笔贷款，贷款有 70% 用于发展生产，部分用于助病助残。非贫困户中 83% 有贷款，其中 68% 有 2 笔贷款，28% 有 3 笔贷款，贷款全部用于发展生产。非贫困户的贷款额度是贫困户的 1.5 倍，贷款利率比贫困户高出 8%。这说明非贫困户在发展生产上有更大的投入。

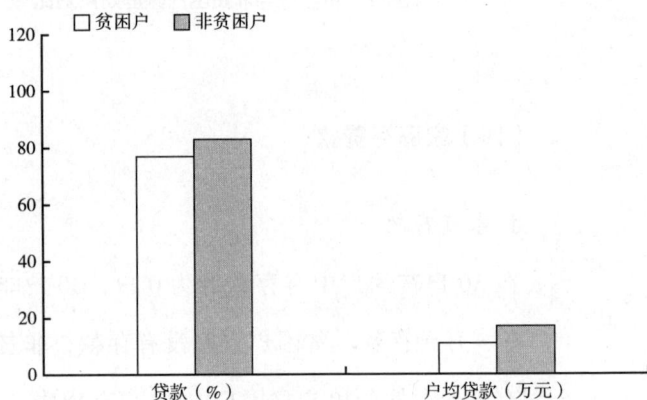

图 23　贫困户与非贫困户家庭贷款情况对比

四　健康与医疗

（一）家中身体不健康人数

30 户贫困户中 24 户家中有身体不健康人员，其中 9 户家中 2 人身体不健康。24 户的不健康人员从病种上看，有 13 户的属于重病，另 11 户的属于慢病。24 户中有 11

户自行买药，2 户门诊治疗，10 户住院治疗，治疗费用户均 1.02 万元，其中自费 6926 元。行走有问题的有 3 户，其中 2 户自理有些问题。9 户户主的配偶身体不健康，其中 5 户属于重病，6 户需要治疗，有 5 户治疗，户均 1.16 万元，户均自费 4200 元。

30 户非贫困户中 7 户家中有身体不健康人员，其中 3 户家中有 2 人身体不健康。7 户的不健康成员中，从病种上看有 2 户属于重病，另 5 户属于慢病。7 户中有 3 户自行买药，2 户门诊治疗，2 户住院治疗，治疗费用户均 6983 元，其中自费 6817 元。有 3 户户主配偶身体不健康，属于慢病。

贫困户中 80% 家中有身体不健康人员，有 30% 家中 2 人身体不健康。不健康户中超过半数重病，近半数慢病，有 41.7% 住院治疗，自己承担费用近 70%；有 20% 的重病治疗，个人承担了约 1/3 的费用。非贫困户中 23% 家中有身体不健康人员，10% 家中有 2 人身体不健康。非贫困

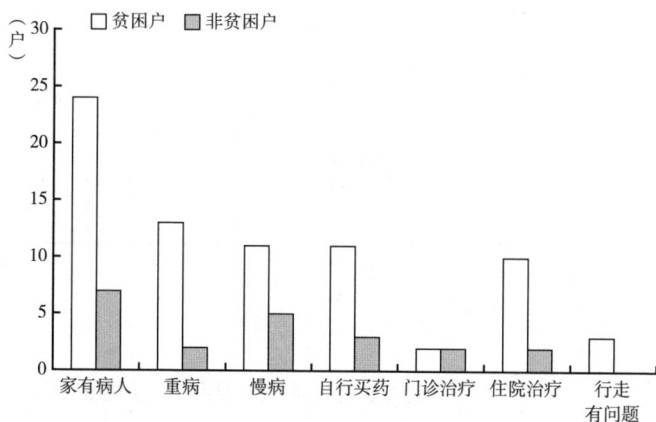

图 24　贫困户与非贫困户家有病人户数对比

户治病大部分自费。贫困户的治病费用虽然得到了分担，但相比于非贫困户还是有着更大的压力。

（二）安全与保障

30户贫困户中有4户、30户非贫困户中有1户家人遭遇意外。贫困户与非贫困户都没有遇到偷抢等社会治安问题。30户贫困户中因自然灾害损失财产的有20户，户均损失3.66万元，30户非贫困户中因自然灾害损失财产的有24户，户均损失7.78万元。尽管遭遇意外是低概率事件，但贫困户遭遇过意外的户数是非贫困户的4倍，但都没有遇到社会治安问题。因自然灾害造成财产损失的非贫困户占比80%，贫困户占比66.7%，在户均损失上非贫困户超过贫困户。这说明非贫困户抵御自然灾害的能力并不强于贫困户。

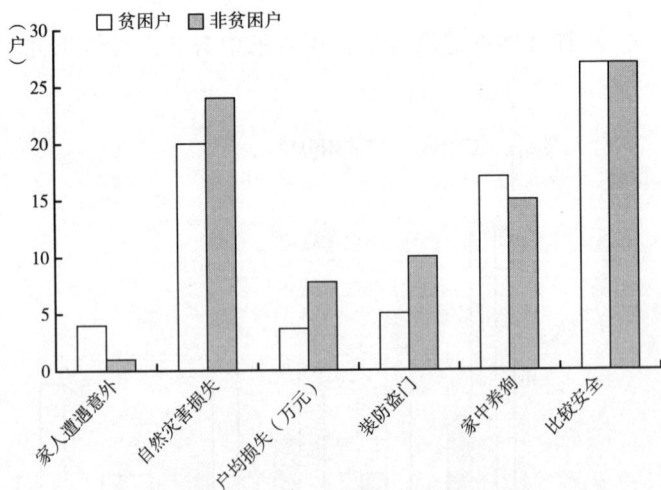

图25　贫困户与非贫困户安全情况对比

（三）安全防护

30 户贫困户中有 5 户有防盗门，有 17 户养狗；30 户非贫困户中有 10 户安防盗门，有 15 户养狗。非贫困户安装防盗门的是贫困户的 2 倍，养狗户约半数，两者接近。这说明养狗仍然是一种普遍的安全防护习惯。

（四）安全感

30 户贫困户中，感到独自走夜路非常安全与比较安全的有 27 户，1 户觉得有点儿不安全，2 户不独自走夜路；非贫困户与贫困户一致。非贫困户与贫困户普遍较有安全感，没有差别。

（五）挨饿情况

贫困户中，有 1 户夫妻都患病，一年中有不多于 7 天挨饿。

（六）养老打算

30 户贫困户中有 18 户依靠子女养老，其中 11 户只依靠子女，7 户有城乡居保；另 12 户中有 6 户有城乡居保，但自认为没有保障，另有 6 人无城乡居保，说不清养老依靠什么。30 户非贫困户中有 17 户依靠子女，其中 3 户只依靠子女，10 户有城乡居保，10 户可以劳动。另 13 户中有 3 户依靠劳动；4 户有城乡居保，但自认为没有保障；另有 6 户无城乡居保，说不清养老依靠。

非贫困户与贫困户在养老打算上的认知接近，大部分依靠子女养老，少部分说不清养老依靠，虽然部分参加了城乡居保，但普遍没有将之作为养老依靠。在认为养老有保障的人中，以依靠子女养老的为主。这说明城乡居保目前还起不到根本的养老保障作用。

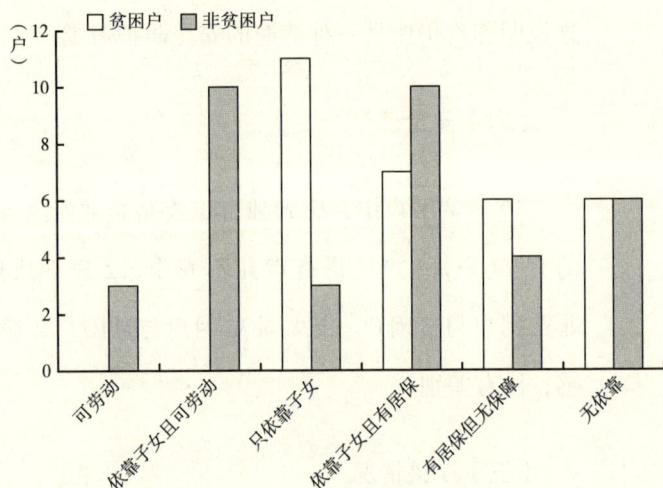

图26　贫困户与非贫困户养老保障情况对比

五　生产与风险

（一）农业资源

30户贫困户中20户有草场，户均963亩；其中8户在经营，经营面积户均781亩。30户非贫困户中20户有草场，户均1568亩，其中13户在经营，经营面积户均1335亩。

贫困户与非贫困户拥有草场的户数占比一致，均为66.7%。有草场的贫困户中有40%在经营，有草场的非贫困户中有 65% 在经营。且非贫困户户均草场面积是贫困户的 1.6 倍，户均经营面积前者是后者的 1.7 倍。这说明贫困户与非贫困户在拥有基础生产资料的数量上以及对之的经营使用上存在着明显的差距。

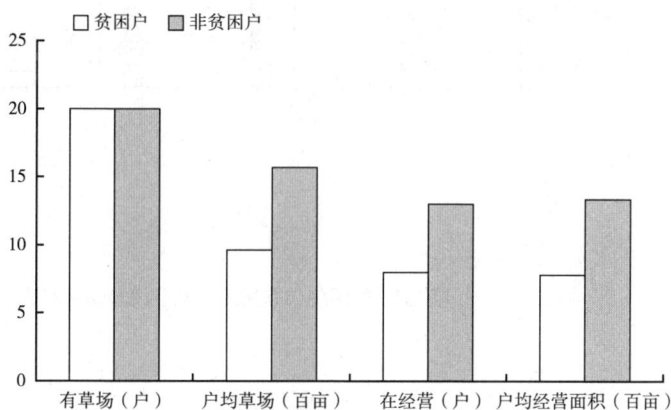

图 27　贫困户与非贫困户农业资源情况对比

（二）农业风险

在农业方面，30 户贫困户中 19 户遭遇自然灾害，户均损失 3.48 万元；2 户遇到销售困难，12 户遇到价格下跌，户均损失 1.19 万元。30 户非贫困户中 20 户遭遇自然灾害，户均损失 7.87 万元；1 户遇到销售困难，22 户遇到价格下跌，户均损失 3.53 万元。在遭遇自然灾害的比例上贫困户与非贫困户没有差异，遇到的销售困难也都差不多，但在损失上非贫困户远大于贫困户，前者约是后者的 2 倍。这说明发生农业风险对非贫困户的伤害更大。

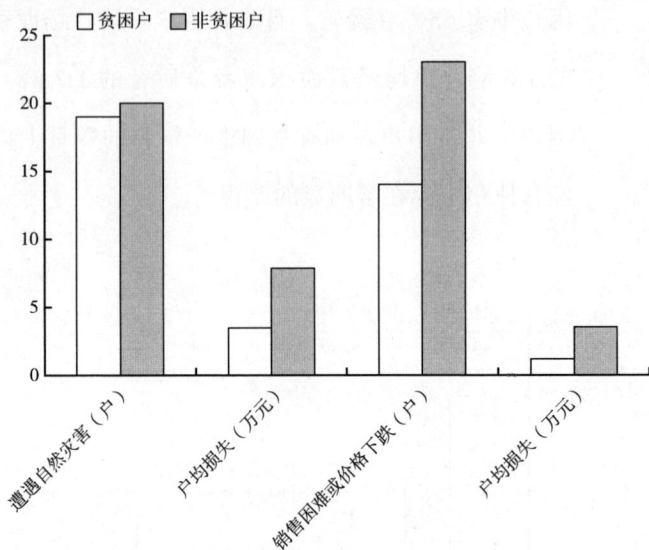

图28　贫困户与非贫困户农业风险情况对比

六　劳动与就业

（一）劳动人数

30户贫困户中21户在劳动，劳动户数占70%；劳动人数25人，人数与户数的比率是119%；其中16户1人劳动，4户有2人劳动；21户主要劳动力中男性13人，男劳力占52%；子女4人；21户人均劳动时间307天，其中有15人为全年劳动，15人中本地务农的达13人。21户中有12户在本地打零工，人均工作158天。子女在县内乡镇外打工的有2户。

30户非贫困户中27户劳动，劳动户数占90%；劳动人数41人，人数与户数的比率是152%；其中12户1人劳动，14 户有 2 人劳动，双劳力户数占比是 52%。27 户主要劳动力中男性 23 人、子女 2 人；27 户人均劳动时间 325 天，其中有 17 人为全年劳动，23 人在本地务农且其中 15 人为全年劳动。27 户中有 8 户本地自营非农业，3 人打零工，人均工作 231 天。子女在县内乡镇外打工 2 户，本乡镇内固定就业 2 户。

从这里可以看出，贫困户与非贫困户在劳动户数占比、双劳力户数占比、男劳力占比、全年人均劳动天数以及自营非农业、打零工时间等各项上均存在明显的差距。贫困户家庭劳动力人数较少，劳动量相对较少。

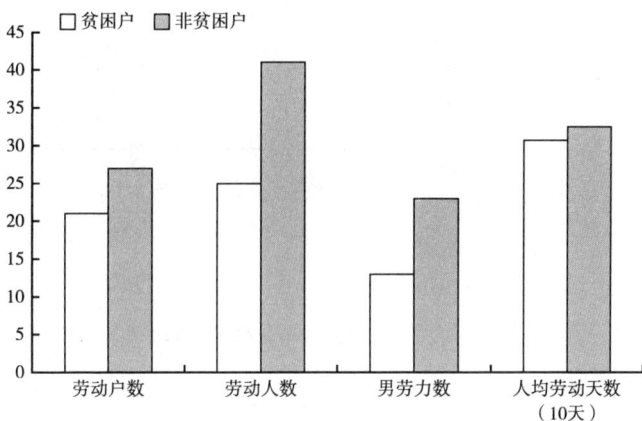

图 29　贫困户与非贫困户劳动人数情况对比

（二）劳动收入

30 户贫困户中有 17 户填报收入，户均 2.07 万元，其中：11 户有农业收入，户均 1.81 万元；1 户非农收入

5000元；工资性收入11户，户均1.43万元。30户非贫困户中有26户填报收入，户均7.45万元，其中：22户有农业收入，户均6.45万元；非农收入7户，户均3.21万元；工资性收入9户，户均2.48万元。贫困户与非贫困户在劳动收入项目以及收入额度上差距巨大，尤其是收入额度，在户均收入、农业收入、非农业收入上相差约3倍或以上，工资性收入相差近2倍。

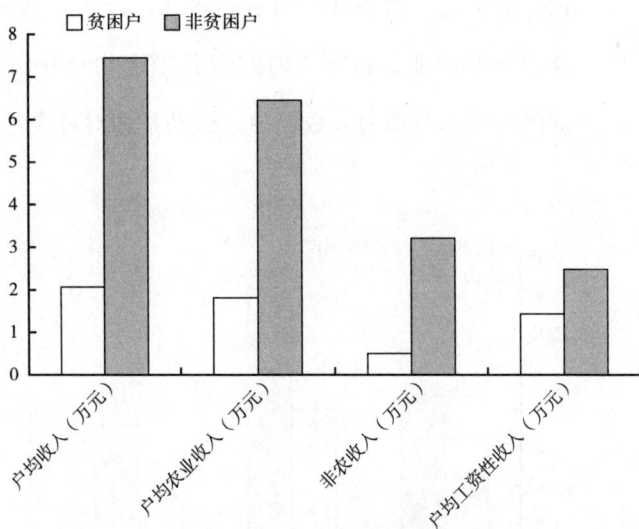

图30　贫困户与非贫困户劳动收入情况对比

（三）主要工作

30户贫困户中17户填报了主要工作，其中9人受雇，8人经营；人均日工资63元，人均月工作26天；无拖欠工资；最近一个星期人均劳动49.5小时；9人有合作医疗，6人参加城乡居保。30户非贫困户中26户填报了主要工作，其中6人受雇，20人经营；人均日工资116元，人均月工作 28 天；无拖欠工资；最近一个星期人均劳动 49 小时；13 人有合作医疗，11 人参加城乡居保。填报了主要工作的贫困户中受雇的超过半数，填报了主要工作的非贫困户中受雇的只占 23%，另 77% 从事经营工作，非贫困户人均日工资是贫困户的近 2 倍。

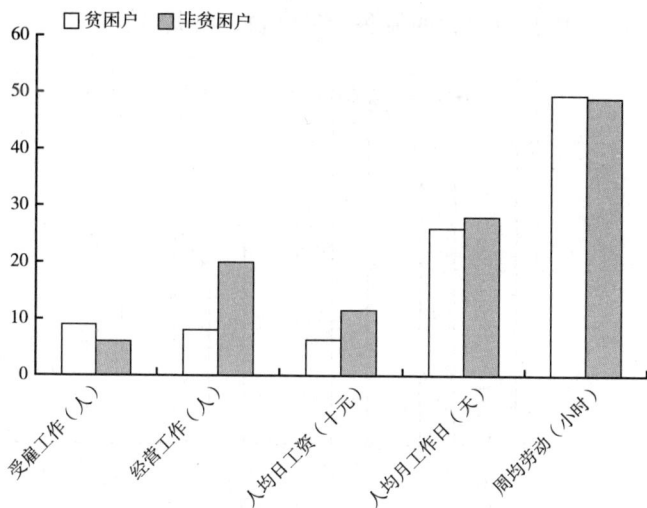

图 31　贫困户与非贫困户主要工作情况对比

七　政治参与

30 户贫困户中有 3 位党员，全家都参加村委会投票的有 17 户，只自己参加的有 6 户；全家都参加村委会会议的有 13 户，只自己参加的有 3 户；全家都参加村民组会议的有 11 户，只自己参加的有 2 户；全家都参加乡镇人大代表投票的有 6 户，只自己参加的有 2 户。30 户非贫困户中有 15 位党员，全家都参加村委会投票的有 16 户，只自己参加的有 11 户；全家都参加村委会会议的有 11 户，只自己参加的有 7 户；全家都参加村民组会议的有 6 户，只自己参加的有 4 户；全家都参加乡镇人大代表投票的有 4 户，只自己参加的有 5 户。从参加村各种会议以及投票上看，贫困户与非贫困户的政治参与差别不大，参与乡镇人大代表投票的比例不到 30%，参与度不高，但非贫困户中党员数量明显多于贫困户，是其 5 倍。

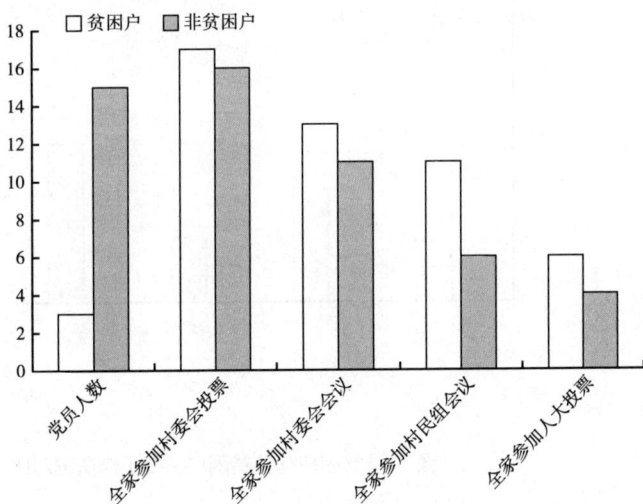

图 32　贫困户与非贫困户政治参与情况对比

八　社会联系

（一）社会组织

1. 农民合作社

对于本村或邻近有没有农合社，30 户贫困户中 27 户回答有，1 户答没有，2 户答不清楚；有 6 户表示会加入，22 户表示不会加入，2 户没表明态度；每周参加一次农合社活动的 1 户，每月参加一次活动的有 1 户，每季参加一次活动的有 2 户，每年参加一次活动的有 1 户。而 30 户非贫困户中有 22 户表示在本村或邻村有农合社，8 户说没有；7 户表示会加入，15 户不会参加，8 户没表明态度；每天参加一次农合社活动的有 2 户，每周参加一次活动的有 1 户，每月参加一次活动的有 1 户，每季参加一次活动的有 2 户，每年参加一次活动的有 1 户。

可以看出，对于农民合作社贫困户与非贫困户的参与意愿都很弱，即使参与了，参加活动的频次也不高。这说明农民合作社没有得到很好的发展，也没能发挥出相应的作用。

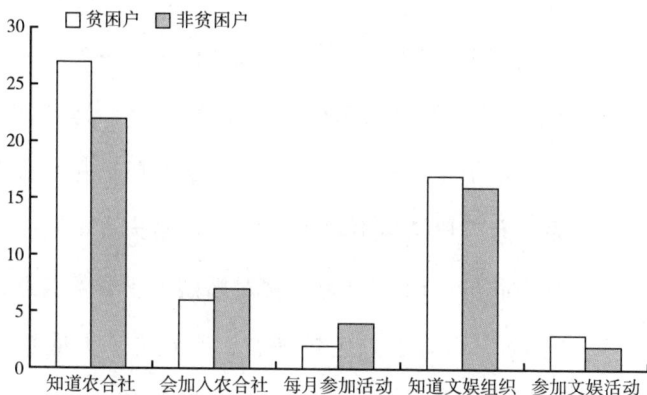

图 33　贫困户与非贫困户参加社会组织情况对比

2. 文化娱乐或兴趣组织

30 户贫困户中 17 户知道本嘎查或邻近嘎查有文化娱乐或兴趣组织，3 户说没有，7 户不清楚；有 3 户会参加活动，17 户不会参加活动，1 户没表示态度；每月参加一次活动的有 2 户，每季参加一次活动的有 2 户，每年参加一次活动的有 1 户。而在 30 户非贫困户中有 16 户知道在本嘎查或邻近嘎查有文化娱乐或兴趣组织，10 户说没有，4户不清楚；有 2 户会参加活动，15 户不会参加活动；每周参加一次活动的有 1 户。

知道本嘎查或邻近嘎查有文化娱乐或兴趣组织的贫困户与非贫困户户数接近，均略高于半数，而明确表示不会参加的比例也很高，另有不清楚的、不知道的，说明这些人家根本不关心这些组织性活动。参加者参加活动的次数也极少。由此知道农村的文化娱乐或兴趣组织极其缺乏且没有影响力，牧民的生活单调。

（二）家庭关系和社会关系

30 户贫困户中有 13 户已婚，1 户未婚同居，2 户未婚，5 户离异，8 户丧偶；已婚者中有 2 户夫妻全年不在一起，有 1 户全年只在一起几天；夫妻不在一起时有 2 户每天联系，有 1 户没事不联系。13 户已婚夫妻都互相信任，遇事互相商量；13 户已婚夫妻对婚姻关系非常满意，对其他情况 12 户中有 3 户比较满意，有 6 户不太满意，有 2 户无所谓。30 户非贫困户中有 24 户已婚，2 户未婚，2 户离异，2 户丧偶；已婚中有 1 户夫妻全年不在一起，有 2 户全年有大半年不在一起，另有 8 户全年户均 20 天不在一起；夫妻不在一起时有 11 户每天联系。23 户已婚夫妻都互相信任，1 户比较信任；24 户遇事互相商量；26 户对婚姻关系及现实状况非常满意，有 2 户比较满意，有 2 户一般。贫困户的已婚率 43%，大幅低于非贫困户的 80%。贫困户离异户数是非贫困户的 2.5 倍，贫困户的丧偶户数是非贫困户的 4 倍。夫妻长期不在一起的占已婚夫妻的比例数，贫困户高于非贫困户。这些数据表明，贫困状况与家庭关系具有高相关性，贫困造成了贫困户已婚率较低以及离婚率较高，反过来，这又加剧了贫困。

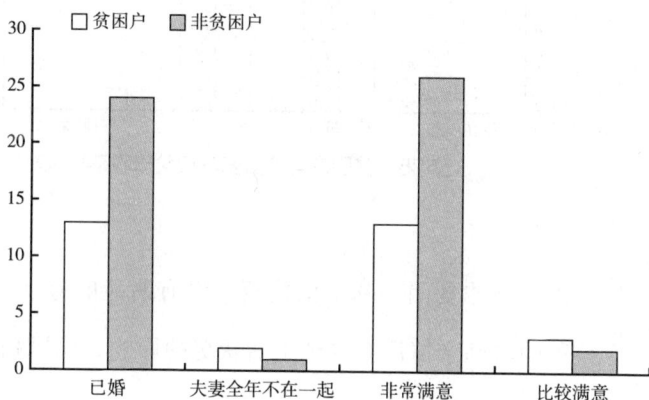

图 34　贫困户与非贫困户家庭关系对比

（三）与不在一起的父母联系状况

贫困户中有 8 户与父母每天联系，有 5 户每周联系，有 1 户每月联系，有 15 户不适用。非贫困户有 9 户与父母每天联系，有 8 户每周联系，有 1 户住在一起，有 12 户不适用。

（四）与不在一起的子女联系状况

贫困户中有 15 户每天联系，有 7 户每周至少联系一次，有 7 户不适用；非贫困户中有 11 户每天联系，有 5 户每周至少联系一次，有 14 户不适用。从与不在一起的父母的联系状况以及与不在一起的儿女的联系状况上看，贫

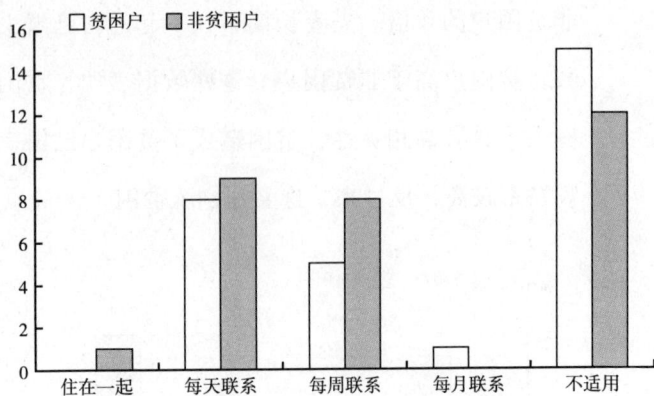

图35 贫困户与非贫困户和父母联系情况对比

困户与非贫困户基本上接近，没有明显的差别，这表明这里的家庭亲情没有受到生活状况的影响，民风相对淳朴。

（五）临时有事找谁帮忙

贫困户中先找直系亲属的有30户，次找其他亲属的有14户，三找同学朋友的有10户。非贫困户中先找直系亲属的有29户，次找其他亲属的有23户，再找同学朋友

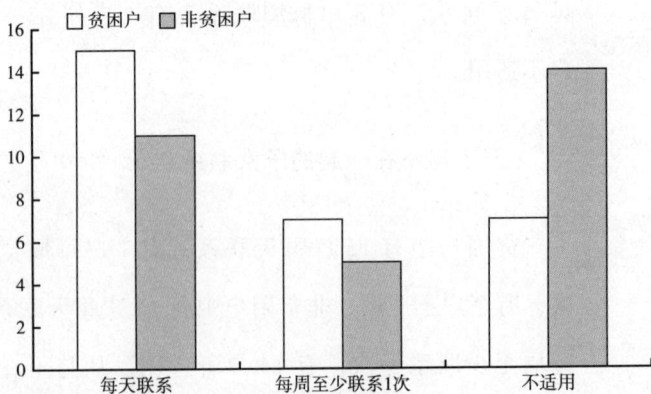

图36 贫困户与非贫困户和子女联系情况对比

的有 21 户。从临时有事找人帮忙来看，贫困户与非贫困户求得帮助的顺序完全一致，都是先找直系亲属，再找其他亲属，最后找同学朋友。但在户数及比例上存在差别，贫困户次找其他亲属的占 47%，最后找同学朋友的占 33%；非贫困户次找其他亲属的占 77%，最后找同学朋友的占 70%，都超过贫困户。这说明两点：一是在农村社会中亲缘关系是最重要的纽带，也是互相信任与帮助的基础；二是贫困对其他亲属以及同学朋友的交往帮助产生了影响，贫困户向其求助的主动性明显降低。

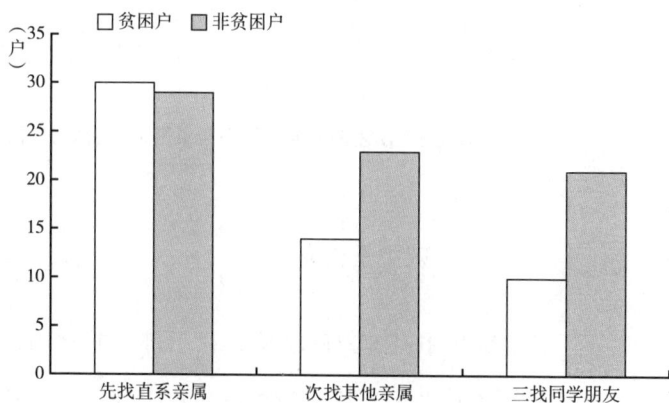

图 37　贫困户与非贫困户有事寻求帮助情况对比

（六）急用钱向谁借

　　贫困户中先向直系亲属借的为 24 户，向其他亲属借的为 9 户，向同学朋友借的为 7 户，向邻居借的为 1 户、向其他关系借的为 1 户。非贫困户中先向直系亲属借的 21 户，然后向其他亲属借的 15 户，向同学朋友借的 15 户，向邻居借的 1 户。急用钱向谁借与有事找人帮忙有相似之处，同样的顺序，类似的比例。这两项统计表明，政府组织、党组织、农民合作组织、村干部等都还不具备相应的帮助民众的功能。

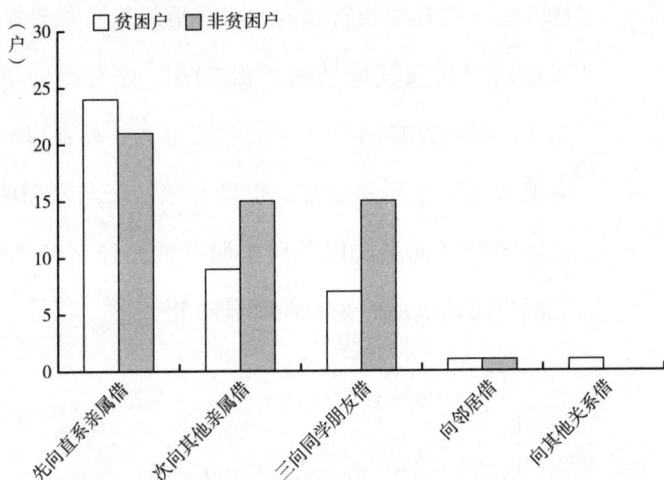

图38　贫困户与非贫困户寻求资金帮助情况对比

（七）亲戚中是否有干部

贫困户中有 5 户的亲戚是村干部；非贫困户中亲戚是村干部的 6 户、乡镇干部 2 户、县干部 3 户、县级以上干部 2 户。从亲属中是否有干部的数据上看，贫困户与非贫困户存在明显差距，这里可能包括了两个因素，一是非贫困户群体的晋升平台好于贫困户，二是干部及其权力对亲属生活水平的提升产生了影响。

九　时间利用

贫困户有 4 户平时很忙，5 户有点儿忙，正常 11 户，

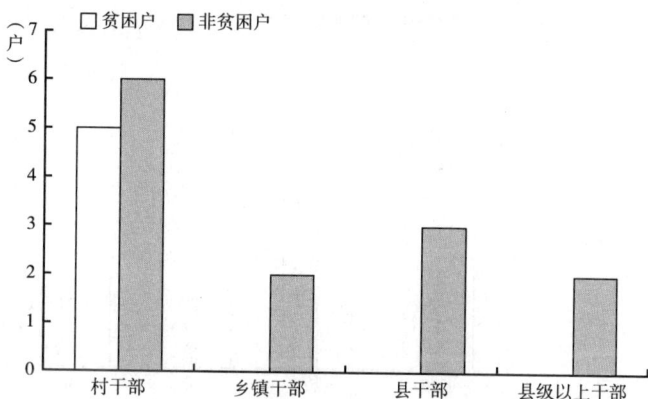

图 39　贫困户与非贫困户亲戚中干部分布对比

不忙的 4 户，一点儿不忙的 4 户；在业余时间排第一位的是 11 户看电视，8 户做家务，4 户上网，3 户照看孩子，3 户社交，1 户读书看报；排第二位的是 9 户休息，5 户做家务，4 户看电视。最近一周填报的 25 户平均每天看电视时间 3.79 小时，30 户平均每天睡觉时间 6.33 小时，一周干活时间 17 户填报的平均为 45.94 小时。非贫困户有 10 户平时很忙，7 户有点儿忙，正常 10 户，不忙 3 户；业余时间排第一位的是 14 户看电视，5 户上网，5 户休息，3 户做家务，1 户学习培训，1 户社交，1 户参加文体活动；排第二位的是 14 户休息，4 户做家务，3 户看电视，2 户上网，2 户照看小孩。最近一周填报的 30 户平均每天看电视时间为 2.58 小时，30 户平均每天睡觉时间为 6.28 小时，一周干活时间 30 户填报的平均为 45.67 小时。

　　在时间利用效率上，贫困户与非贫困户处在一般水平的基本一致，约占 30%，但在很忙与一点儿不忙上有很大差异，平时很忙的贫困户只占 13%，很忙的非贫困户

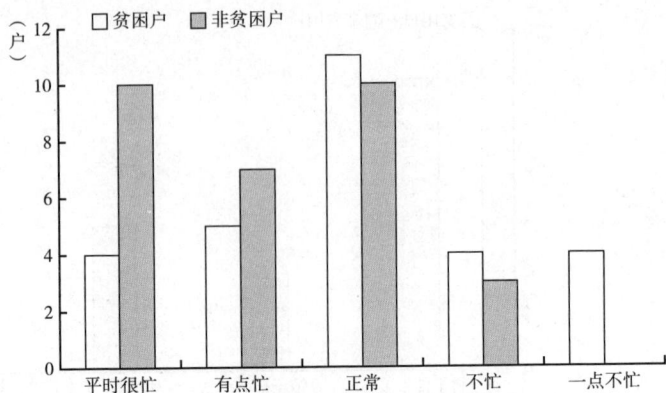

图40 贫困户与非贫困户时间感受对比

占33%，是贫困户的2.5倍，有点儿忙的贫困户占16.7%，非贫困户占23.3%，是贫困户的1.4倍。一点儿不忙的贫困户占13%，没有一点儿不忙的非贫困户。这一统计结果与之前的劳动力不足构成矛盾，表明贫困户的劳动力不足事实上更多的是劳动不足，或相对不够勤劳，或健康状况仅允许从事某种强度的劳动。业余时间用来看电视的贫困户与非贫困户均在1/3以上，但贫困户看电视的时间约是非贫困户的1.5倍。

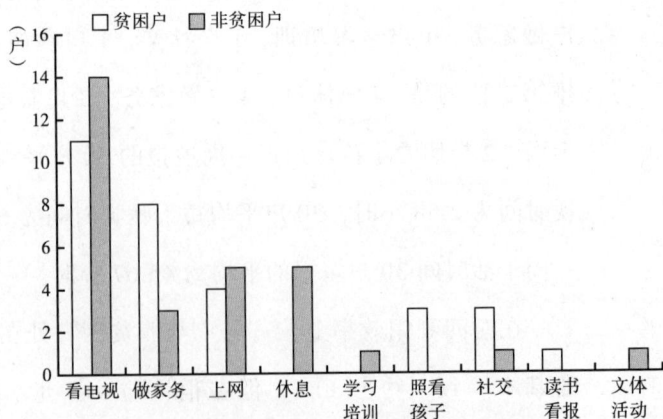

图41 贫困户与非贫困户业余时间第一位事务对比

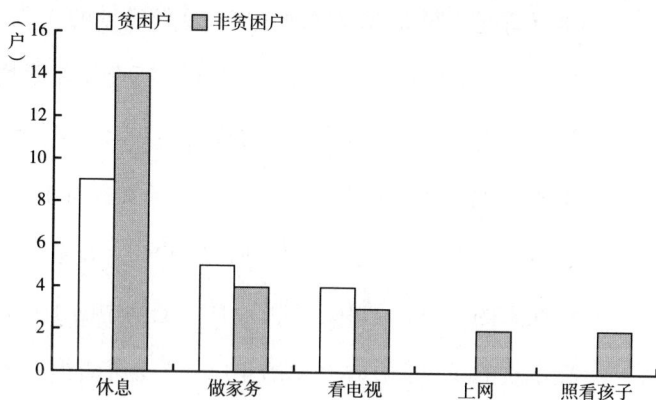

图 42　贫困户与非贫困户业余时间第二位事务对比

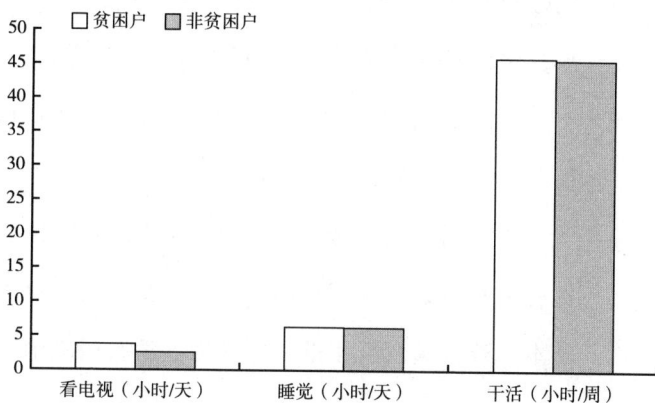

图 43　贫困户与非贫困户时间利用对比

十　子女教育

　　贫困户中有 7 户有未成年子女，其中 3 户与父母一起生活，4 户与母亲一起生活；7 户中子女上幼儿园的 2 户，上中小学 2 户，失学的 1 户，上高中大专的 2 户；上学地点在本村的 2 户，在本县的 3 户，县外省内的 1 户；6 户都在公办学校；学校条件非常好的 2 户，比较好的 4 户；对子女的学习情况觉得非常满意的2户、比较满意的3户、一般的1户；上学方式中4户住校，2户子女所上幼儿园均在十几分钟路程内；6户上学的年户均费用1万元。非贫困户中有16户有未成年子女，其中3户有2个子女；有14户与父母一起生活，2户与父亲一起生活；16户中上幼儿园的5户，学前在家的2户，上中小学的8户，上高中的1户；上学地点在本村的4户，在本乡镇的4户，在县外省内的8户；13户在公办学校，1户在民办学校；学校条件非常好的8户，比较好的5户，一般的1户；对子女的学习情况非常满意的5户，比较满意的6户，一般的2户；上学方式为5户住校，8户学生的学校在十几分钟到半小时路程，1户行程半小时以上；14户上学的年户均费用8千元。

非贫困户拥有未成年子女的户数是贫困户的2倍多，拥有子女人数是贫困户的近3倍。在子女教育条件上二者基本一致，满意度相近，年户均上学费用贫困户略高于非贫困户。

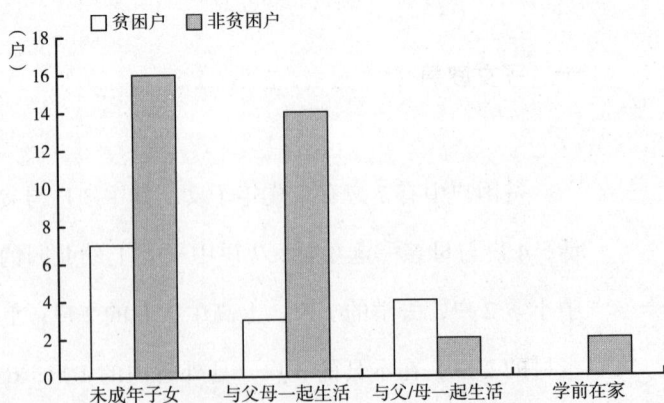

图44 贫困户与非贫困户未成年子女生活情况对比

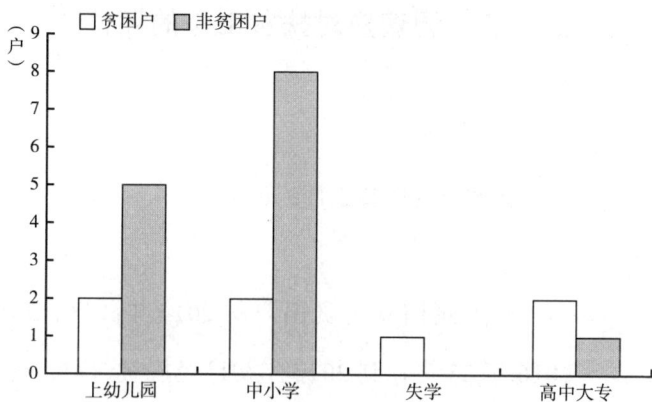

图45 贫困户与非贫困户未成年子女教育情况对比

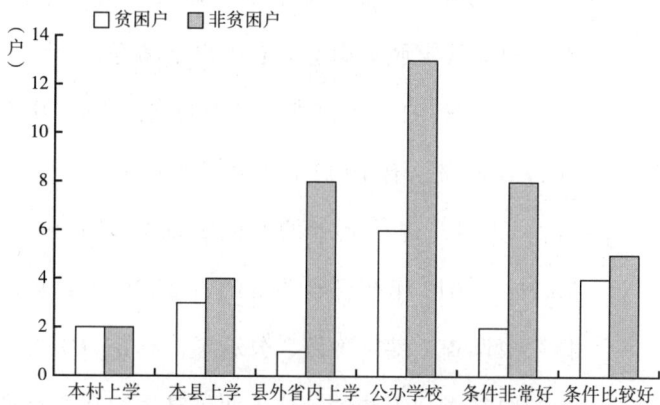

图46 贫困户与非贫困户未成年子女教育质量对比

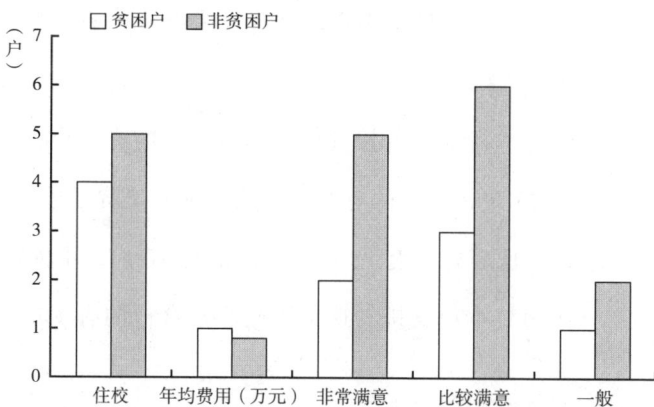

图47 贫困户与非贫困户未成年子女学习情况满意度对比

第二节　调查户对扶贫工作的评价 [1]

一　贫困户对扶贫工作的评价

成为建档立卡贫困户的 2014 年 3 户、2015 年 4 户、2016 年 23 户；到 2017 年初已经脱贫 7 户，还有 23 户尚未脱贫；7 户的脱贫时间是 2016 年，认定脱贫时村干部到家做了调查，脱贫户签字做了确认，脱贫名单做了公示，有 6 户对认定脱贫满意，有 1 户不满意；对认定脱贫程序有 5 户满意，2 户不满意；尚未脱贫的 23 户中有 4 户计划 2017 年脱贫，有 19 户不清楚何时脱贫。

贫困户建档立卡的时间大部分集中在 2016 年，占 76.7%。2017 年初已经脱贫的占 23.3%。脱贫认定程序包括入户调查、签字确认、公示等，有 63.3% 的贫困户对本身的脱贫时间不清楚。这表明了贫困户在对精准扶贫的效果认知上存在迟疑。

认为本村贫困户的选择非常合理的有 4 户，比较合理的有 23 户，一般的有 2 户，不太合理的有 1 户；认为政府为本村安排的扶贫项目非常合理的有 2 户，比较合理的有 23 户，一般的有 5 户；认为本村扶贫效果非常好的有 1 户，比较好的有 17 户，一般的有 10 户，不太好的有 2 户；认为对本户安排的扶贫措施非常合适的有 1 户，比较合适

---

① 资料来源：精准扶贫精准脱贫百村调研查干诺尔嘎查和温都尔嘎查调研

的有 19 户，一般的有 7 户，不太合适的有 3 户；认为本户目前扶贫效果非常好的有 1 户，比较好的有 15 户，一般的有 11 户，不太好的有 3 户。

对于致贫原因，贫困户个人有 11 户选择生病，选择残疾的 3 户，选择缺土地的 5 户，选择缺劳力的 4 户，选择缺资金的 3 户，选择自身发展动力不足的 4 户；其他可多选的致贫原因有 15 户选择了缺劳力，12 户选择了缺资金，选生病的 6 户，选灾害的 7 户。在对致贫原因的认知上，贫困户有 36.7% 的选择了生病，有 10% 选择了残疾，这两项合起来占了约半数，而在可多选的致贫原因上有 50% 选择了缺劳力，这一结果与生病、残疾是对应的。

对于 2015 年以来得到的帮扶措施，选择了公共服务的有 16 户，选择发展生产的 10 户，选择培训的 4 户，选择小额贷款的 4 户，选择基础设施建设的 4 户；选择发展生产的产业类型主要是养殖业的有 12 户，其中 8 户养牛，3 户养鹅，1 户养马；扶持方式主要是资金扶持，户均 2 万元，有 4 户同时得到了技术帮助。关于对效果的评估，有 7 户比较满意，4 户一般，1 户不太满意。涉及搬迁的有 5 户，对于危房改造、牧畜圈舍、入户路、电入户，均比较满意。有 16 户领取了低保补助，全年户均 7530 元。

二　非贫困户对扶贫工作的评价

30 户非贫困户中，认为政府为本嘎查安排的扶贫项目很合理的有 2 户、比较合理的有 11 户、一般的有 4 户、

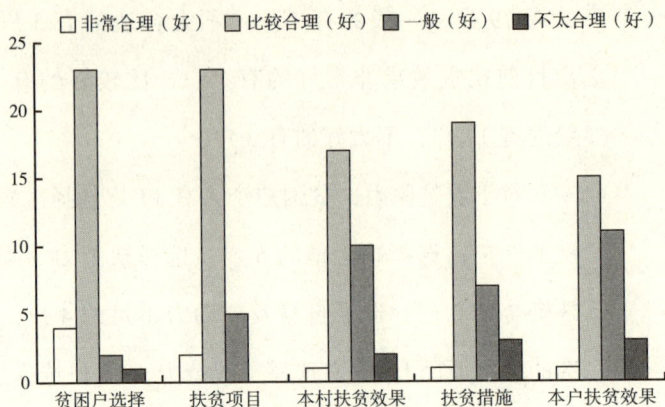

図48　30户贫困户对扶贫工作的评价

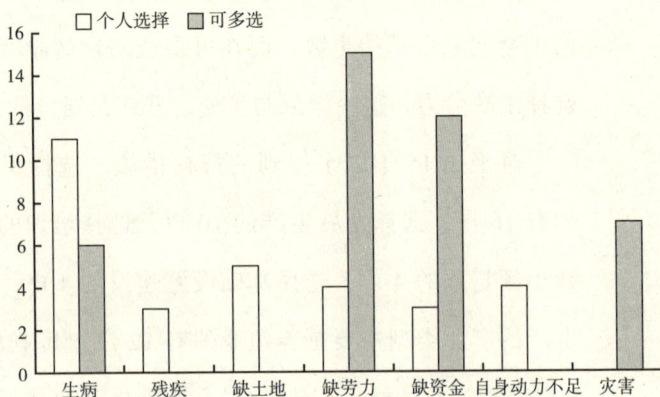

图49　30户贫困户对致贫原因的认定

不太合理的有1户、说不清的有12户；对于本嘎查贫困户的选择认为很合理的有2户、比较合理的有11户、一般的有2户、说不清的有15户；对于本嘎查到目前的扶贫效果评价：认为很好的3户，认为比较好的5户，认为一般的12户，说不清的10户；对于是否享受过扶贫政策，有26户没有享受过，有4户不知道。

可以看出，非贫困户对扶贫效果持比较认可的占三分之二，另有三分之一说不清楚。这既说明了调研嘎查扶贫工作的精准性，也说明可能同时存在扶贫政策宣传不到位的问题。

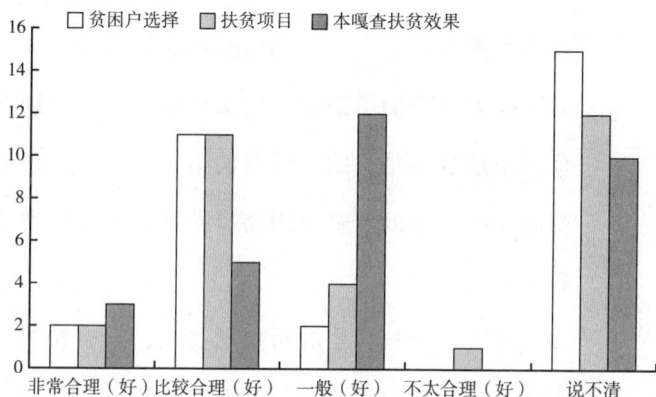

图50　30户非贫困户对扶贫工作的评价

通过对牧区有代表性的查干诺尔嘎查和温都尔嘎查的深入调研，以及对贫困嘎查的贫困户与非贫困户各项社会指标进行统计与数据分析，可以知道贫困户群体在统计数据上有自己鲜明的特点，反映了贫困户的生存生活状况以及导致贫困的主要原因。

如统计数据显示，贫困户的人口年龄偏大，文化程度相对较低，婚姻状况差，健康状况差，劳动能力弱，务工少，子女相对少，女户主较多等。贫困户的住房造价较低，面积较小，取暖方式落后，炊事能源比较传统。贫困户从事牧业生产经营活动的能力较弱，收入来源匮乏，收入低但医疗支出费用较高。贫困户拥有相对少的草场土地且经营不足，劳动工具等生产资料落后，务工少，等等。这些统计数据客观反映了贫困户的生活状况。

通过分析统计数据，可以全方位了解致贫原因，致贫有近十种原因，包括：因病致贫，因残致贫，因灾致贫，缺土地，缺劳力，缺资金，因学致贫，缺技术，自身发展能力不足等。所有致贫因素里，病残是第一主因，贫困人口中慢性病、大病、残疾三项合计占 66.7%，健康出现问题既大幅增加了医疗费用又导致了劳动力缺乏。灾害与草场土地少则是贫困户致贫的第二位与第三位原因。这与鄂温克旗全旗的致贫原因略有差别，但首位致贫原因是一致的。

调查统计与数据分析提示我们，出台扶贫政策与扶贫措施一定要针对致贫原因，有的放矢。市旗两级政府关于精准扶贫要一村一策、一户一策的指示精神是非常符合实际需要的。

第四章

两嘎查精准扶贫精准脱贫的主要特点
和基本经验

第一节　两嘎查精准扶贫精准脱贫工作的主要特点

调研的两个嘎查在市、旗、苏木各级政府的领导下，在帮扶组织、基层党组织的具体带领指挥下，依据自身的资源禀赋和民族文化特点，在精准扶贫精准脱贫攻坚战中，紧紧围绕精准是扶贫攻坚的"第一粒扣子"理念，探索出了有特色的工作模式——七个精准。

一　产业模式精准

在旗委旗政府关于"三个导向"精神的指导下，嘎查坚持以市场、问题和效率为导向，因地制宜，因人而异，精准帮扶，精准施策，取得实效。

——以市场为导向，结合村情、户情、民情，发展特色优势产业。一是立足区位优势和资源禀赋，选择与贫困户现实条件相适应的产业。如查干诺尔嘎查围绕乡村旅游开展产业扶贫，形成能辐射带动全嘎查的旅游产业基地。二是立足现有扶持政策，选择扶持市场前景好、发展潜力大的产业。如温都尔嘎查，明确设施农业为主要扶贫产业。

——以问题为导向，找准致贫原因，选择贫困户积极参与的扶持方式。如，针对致富无门型贫困户，采取"基地+贫困户"模式发展产业，由政府主导建设产业脱贫基地，政府协调安排贫困户到产业基地务工，力争让贫困户有稳定收入。

——以效率为导向，注重统分结合，走产权联合、合作经营的发展道路。一是发挥龙头企业作用，通过"公司+基地+贫困户"等模式，让贫困户从中获得更多收益。如伊赫塔拉、绿祥等一批肉制品龙头加工企业引导牧民建基地、兴产业，拓宽贫困户的增收渠道。二是发展和完善牧民专业合作组织，化解贫困户面临的生产和销售困境。

二 政策保障"精准"

政策保障所涉地区、部门精准落实教育扶贫、健康扶贫、社会救助、重特大疾病救助、基本医疗保险、大病保险、医疗救助及困难群众基本生活保障协调机制等兜底政策。辉苏木和巴彦塔拉苏木分别和民政、卫计、教育等部门协调配合，加大落实力度，加强合力攻坚，把各项政策落实好。在这方面各级主管领导、第一责任人及嘎查第一书记不讲条件，积极作为，通过政策的精准落实为精准脱贫提供保障。

三 责任措施"精准"

脱贫措施落实的好坏直接关系脱贫成效。《鄂温克旗2017 年精准脱贫措施》中确定了 67 条具体措施，坚持因户制宜、因人制宜、一户一策、多措并举，为贫困户量身定制出个性化、差异化、精准化的脱贫措施。同时，在确定精准帮扶措施后，帮扶干部与贫困户一同去努力、去实现目标。安排专人深入各苏木乡镇去协调、对接贫困户的各项政策措施落地实施，不断巩固脱贫成效，确保贫困户脱真贫、真脱贫；各苏木乡镇、驻村工作队要加强与贫困户的对接协调，要深入贫困户家中逐条逐项梳理和排查各项政策措施落地实施情况，持续加大与旗直有关部门的沟通协调力度，及时跟进解决在政策措施实施中所面临的困难与问题，做到无缝对接，稳步推进各项措施落实，发挥好政策效应，让群众真正受益。

四 服务手段"精准"

各类产业项目所涉地区、部门注重项目实施中的技术服务指导，通过培训班、现场教学、座谈会等形式做好不同阶段的技术培训工作，有针对性地解决具体问题，提供"保姆式"服务，确保各类产业项目稳步发展。在这方面，农牧业局要提高工作效率，切实发挥作用，牵头推动落实。金融扶贫部门要加快工作节奏，进一步加大与农业银行、邮储银行的工作对接力度，统筹加大金融扶贫工作推进力度，发挥资金的最大效益。同时组织协调苏木乡镇积极梳理贫困户名单，及时进行调整，确保将符合条件的贫困户全部纳入金融扶贫帮扶，及时向符合条件的贫困户发放贷款或分红。

五　驻村帮扶"精准"

驻村工作队是脱贫攻坚工作中的突击队、生力军，帮扶干部是扶贫政策最直接的执行者、实践者和先进典型经验的创造者。各驻村工作队及帮扶干部要认真履行好"包村包户"职责，做到真驻实干，用心用情用力地深入贫困户家中开展帮扶工作，不断强化贫困户脱贫信心，激发贫困户脱贫致富内生动力。查干诺尔嘎查和温都尔嘎查的驻村队，首先是一"驻"到底，让贫困牧民熟悉、认可，通过保证驻村时间和下户次数，真正提高入户质量。同时记好帮扶日记、驻村工作日记及加强信息报送，报送信息要内容翔实，并与大数据指挥平台内容一一对应，做到线上线下一致。在此基础上认真梳理好基础数据，带着责任、牢记目标去做好精准识别，强化落实各项帮扶措施。工作队甚至与贫困户一起劳动，解决贫困户在发展产业中劳动力不足的问题，这更加增进了与贫困群众的感情，密切了党群干群关系，提高了群众的满意度。驻村工作队还帮助统筹谋划嘎查集体经济，以包扶包建形式对两个嘎查的牧民互助合作社给予生产、销售、筹资等方面的指导与协调，帮助贫困牧民脱贫和不返贫。真正实现了习近平总书记提出的"扶贫工作必须务实，脱贫过程必须扎实，脱贫结果必须真实"的要求。

六　基础工作"精准"

贫困户精准识别、建档立卡、大数据指挥平台信息录入等都是基础性工作，也是实现精准扶贫的关键工作。为此，全旗已组织开展 5 次大规模的集中培训，有针对性地对全旗处级领导干部、各苏木乡镇和旗直有关部门负责人、分管领导及驻村工作队、第一书记和帮扶干部进行了专题培训。查干诺尔嘎查和温都尔嘎查都先后派人参加了培训，在具体工作中取得了成效。一是做实对建档立卡贫困户和非建档立卡贫困户的精准识别工作。通过"回头看"把遗漏的、返贫的及时纳入，对脱贫的按要求及时调出，将不符合条件的及时剔除，确保建档立卡普查实、信息准、管理细，增强数据的精准性。尤其是对无房户一户一户地去查核，做到精准。二是不断完善建档立卡资料，相关人员严格按照《鄂温克旗精准扶贫档案管理办法（试行）》，建立和完善嘎查和贫困户的建档立卡资料，并按照脱贫攻坚相关工作开展情况及时进行自查，不断更新、细化和完善，确保脱贫攻坚档案完整、准确。三是发挥好大数据指挥平台的作用，嘎查的驻村工作队、帮扶干部非常重视脱贫攻坚指挥部大数据指挥平台的信息录入工作，及时上传帮扶日记、入户照片、工作动态等，实现对贫困户及脱贫攻坚工作的信息化动态精准管理。

七　资金使用"精准"

在《鄂温克旗统筹整合使用财政涉农涉牧资金管理办法》的指导下，财政部门按照各产业发展项目、社会保障政策等将各类产业补贴性资金拨下去，在最短时间内拨付到嘎查的扶贫项目上，精准发放给贫困户。积极地与上级部门沟通协调，对接好扶贫政策，把各项政策吃准摸透，积极争取上级开发项目和资金。利用自身资源文化优势，努力获得社会资金。改革扶贫投入方式，保证产业扶贫项目精准带动、脱贫任务精准量化、落实到户精准受益。通过"政府＋银行＋担保＋龙头企业＋贫困户"的五位一体资产收益扶贫模式，强化与农业银行、邮储银行及扶贫龙头企业的深入合作，发挥财政资金"四两拨千斤"的导向作用，政府投资1000万元撬动农业银行和邮储银行向贫困户贷款近3000万元，由贫困户带资入股龙头企业以支持企业发展生产，以贫困户不直接参与经营、不承担经营风险的方式获取收益的8%或7.5%。这既保障了龙头企业健康发展，又促进了贫困群众增收脱贫。同时，在扶贫资金"精准"使用方面，旗委、旗政府要求坚决整治在脱贫攻坚工作中出现的腐败问题，谁也不要打坏主意、动歪脑筋，必须严格确保各项资金及时、高效、规范、安全使用。各级纪检机关要加强对"雁过拔毛"式腐败问题的专项整治，财政局、审计局要加强资金监督管理，规范审批流程，严格项目审计，一旦发现问题就决不容忍、一律严惩。

第二节　两嘎查精准扶贫精准脱贫工作的基本经验

一　转变思路、精准到位

由过去的"输血式"扶贫向"造血式"扶贫转变；把脱贫攻坚与开展"美丽乡村"建设活动紧密结合起来，让贫困群众既脱贫致富又享受良好的人居环境，不断提高其生活品质和幸福感。通过建立机制、强化培训等方式，精准到户、到人，教育引导贫困群众掌握增收致富的方式方法，切实帮助贫困群众增强自我发展能力。

二　加强组织领导，狠抓措施落实

按照呼伦贝尔市脱贫攻坚推进会上的部署，在旗脱贫攻坚工作指挥部的指挥下，嘎查委员会、第一书记和扶贫专干充分利用大数据平台，加强统计和档案等基础性建设，对信息进行动态管理、常态考核，将遗漏的、返贫的、新致贫的及时纳入，将脱贫的及时调出，做到该进的一个不落、该出的一个不留。在精准识别贫困人口的基础上，还要把贫困程度、致贫原因、脱贫需求、帮扶措施都搞明白，确保项目、资金、措施、力量精准落到每一名贫困人员头上。建立并不断完善脱贫攻坚工作制度和工作纪律，随时解决贫困户面临的各种问题，将脱贫大事当"家事"，把贫困群众当"家人"。大力发扬吃苦耐劳、一往无前的精神。

三　组织驻村工作队，直接面对贫困户解决问题

驻村工作队由市、旗、苏木各级政府相关人员组成，为提高群众满意度和脱贫成效必须常驻，包户干部每月入户不少于2次。通过制定驻村干部的监督管理办法、完善激励保障和约束考核机制，对挂名不出力、离岗不驻村、缺岗缺位、作风漂浮、工作不实、无所作为的工作队员要实行召回制度，并严肃问责。

四　压实帮扶干部的帮扶责任

旗委旗政府将有脱贫攻坚任务的8个苏木乡镇作为8个攻坚战区，每个战区由旗级领导统筹指挥，加强对本战区工作的督促检查指导，每月至少召开一次调度会，及时帮助解决脱贫攻坚中遇到的问题。落实各苏木乡镇的

主体责任，党政一把手要亲自抓、负总责，切实把脱贫攻坚作为头等大事，带着感情和责任下沉一线，对辖区每个嘎查的贫困状况、贫困成因、扶贫措施都要做到心中有数。压实驻村工作队、第一书记和帮扶干部的帮扶责任，不脱贫不脱钩。组织部门要加大对扶贫工作的考核力度，坚持把考核结果作为领导干部选拔任用的重要依据。

五　加强基层党建，发挥党组织的带头作用

查干诺尔嘎查和温都尔嘎查分别有 14 名和 27 名党员，高中及以上文化的党员约占 50%。嘎查党组织认真贯彻落实抓党建促脱贫攻坚的部署要求，坚持脱贫攻坚与基层党建有机结合、统筹推进，抓好服务型基层党组织建设，使他们真正成为带领群众脱贫致富的领头羊，嘎查党组织研究如何支持发展壮大集体经济、利用远程教育站点服务扶贫攻坚等措施，探索推广"党建带扶贫、扶贫促党建"新模式，做实"党建＋产业发展"、"党建＋项目建设"、"党建＋基层治理"等基层实践探索。充分发挥基层党员的先锋模范作为，带头深入了解上级出台的各项脱贫政策，对贫困户一对一挂钩联系、一对一帮扶，教育引导贫困群众发挥主观能动性，克服"等、靠、要"的依赖心理，自力更生，真正实现由"要我脱贫"向"我要脱贫"的转变。

六 汇聚党干群合力，打赢扶贫脱贫攻坚仗

通过强化嘎查干部群众的宣传、教育、培训、组织工作，激发干部群众尤其是贫困牧民的内生动力，激发其走出贫困的志向和内生动力。减少了干部干、群众看、等着扶、躺着要的怪象，形成群众干、干部帮的常态，支持贫困群众探索创新扶贫方式方法，依靠群众力量办成让群众受益的事。通过牧区精神文明建设，引导牧民抵制陈规陋习，发扬勤俭节约的优良传统，把心思更多地用到脱贫致富上来。通过广泛的社会动员，充分调动各机关企事业单位、社会团体、慈善组织和个人参与扶贫攻坚，实现有钱出钱、有力出力、有智出智，为贫困牧民想点子、找路子，凝聚扶贫攻坚强大合力，加快贫困人口脱贫步伐。

第三节　两嘎查精准扶贫精准脱贫工作的保障措施

一 建立脱贫攻坚责任体系

进一步强化市级统筹抓总、旗市区具体落实、一把手主抓、分级负责、各方协作、精准到户、责任到人的领导体制和工作机制，构建责任清晰、各负其责、合力攻坚的

责任体系。呼伦贝尔市成立脱贫攻坚指挥部，向 6 个重点旗市派驻脱贫攻坚督导组和联合推进组。派驻驻村工作队268 个，选派 1503 名干部到贫困嘎查村开展工作。选派280 名干部到贫困嘎查村第一书记，派驻 50 人到贫困嘎查担任村党建指导员（驻村工作队队员）。市委、市政府与旗市区党委、政府签订脱贫攻坚责任书，旗市区党委、政府再与苏木签订脱贫攻坚责任书，明确任务，规定时限，严格考核，奖惩分明。贫困旗市党政正职攻坚期内保持稳定，完善抓党建促脱贫"五个一"（发挥一个核心作用、筑牢一座坚强堡垒、打造一支先锋队伍、完善一套工作机制、培育一批发展项目）工作机制，充分发挥各级党组织的领导作用，形成了"四级书记抓脱贫，四级示范抓引领"的格局。

二 健全脱贫攻坚政策体系

以《呼伦贝尔市委市政府关于打赢脱贫攻坚战的意见》和《呼伦贝尔市"十三五"扶贫开发规划》为指导，制定《"十三五"易地扶贫搬迁规划》、《呼伦贝尔市产业精准扶贫"十三五"规划》、《呼伦贝尔市扶贫开发工作成效考核办法》等 9 项配套政策制度。有关部门单独或联合制定了《呼伦贝尔市社会救助与扶贫开发政策衔接实施方案》、《呼伦贝尔市就业创业扶贫行动实施方案》、《呼伦贝尔市健康扶贫工作实施方案》、《呼伦贝尔市精准扶贫教育支持计划实施方案》、《呼伦贝尔市检察院与扶贫办开展集中整治和加强预防扶贫领域职务犯罪专项工作实施方案》等 8 项政策文件，围绕"六个精准"、"五个一批"的政策体系基本形成，为脱贫攻坚提供政策指导和制度保障，对很多"老大难"问题都有了针对性的措施，打出了政策组合拳。相关文件有《鄂温克旗 2017 年脱贫攻坚实施方案》、《关于组建鄂温克旗脱贫攻坚领导指挥推进体系的通知》、《鄂温克旗 2017 年精准脱贫措施》、《鄂温克旗 2017 年统筹整合使用财政涉农涉牧资金管理办法》、《鄂温克旗脱贫攻坚工作制度》、《鄂温克旗脱贫攻坚驻村工作队管理办法（暂行）》、《鄂温克旗精准脱贫宣传工作方案》、《脱贫攻坚责任制实施办法》、《关于做好农村最低生活保障制度与扶贫开发政策有效衔接指导意见的通知》、《关于印发贫困地区水电矿产资源开发资产收益扶贫改革试点方案的通知》、《关于促进电商精准扶贫的指导意见》、《关于实施健康扶贫工程的指导意见》等。

三　建立脱贫攻坚投入体系

一是财政投入大幅增加。2017 年市级财政专项扶贫资金投入 1.7 亿元，比 2016 年增长 98%，各旗市区 2017 年预算安排 1.5 亿元，比上年增长 88%。旗市计划整合涉农涉牧资金 8.8 亿元，主要用于产业发展和基础设施建设。

二是创新金融支持方式。自 2013 年起，在金融扶贫贷款上，已连续四年实施金融扶贫富民工程，共投入 2 亿元风险补偿金,与金融机构合作放大 10 倍发放扶贫贷款,贷款规模达到 20 亿元。目前已累计发放贷款 20.7 亿元,覆盖农牧民 3.93 万户次,其中建档立卡贫困户 7671 户次。建档立卡贫困户可享受 5 万元 5% 的贴息,自治区级扶贫龙头企业和覆盖 1/3 贫困户的合作社可享受贷款额 3% 的贴息,这有效缓解了贫困户的贷款压力,为发展生产提供了资金保障。2017 年自治区将风险补偿金增加了 6000 万元,贷款规模可增至 26 亿元。

四 创新脱贫攻坚监督体系

一是精准管理。创新"大数据平台"对帮扶责任人的管理,实现"三大功能",解决"六个难题"。即实现统计分析(数据采集、储存、分析)、精准监督(干部入户、包扶措施、包扶成效、资金去向、项目状态、风险监测)、交流服务(对下信息发布,对上情况反映,横向日志借鉴,为干部提供包扶指南,为农户提供职业介绍)三大功能,按照"一人一码,一户一码"进行精准管理,将全部包扶轨迹载入数据库,实时监督入户,定期考核包扶成效,纪检、组织部门定期督查,较好地解决了帮扶不到位、措施看不到、进度不掌握、政策不到户、角落走不到、考核不精准等六个方面的"老大难"问题。鄂温克旗抽调 30 名干部集中办公,组成思想宣传、产业发展、社会保障等 21 个推进组,其中抓党建促脱贫专项推进组每天查看干部包扶日志，对于没有帮扶措施和帮扶工作不实的干部，按每周一个乡镇约谈干部，逐人谈话，提出整改要求，使帮扶干部不但要下去，还要真正有措施、见实效。2017年年初以来，已有20名干部被约谈通报。

二是精准监督。加强对资金项目落地的监督，建立"一改革一创新四监督"机制，保障资金项目到户到人、精准使用、不出问题。一改革，即改革资金项目审批方式，改革过去扶贫办审批项目的做法，减少审批环节，将上级和市级资金全部按因素法分配到旗市区，由旗市区整合安排项目，增强基层自主权和针对性。一创新，即利用"大数据平台"将重点资金使用和项目实施信息录入数据库，对资金拨付进度和项目进展实时监管，一目了然，不留死角。四监督，即聘请第三方监督、联合部门监督、联合旗市监督和信访线索监督。2016年投入11万元，聘请信实会计师事务所对各旗市区2014~2016年财政扶贫资金使用情况进行全面审计，将审计结果直接反馈给旗市区主要领导，限期整改到位。2016年市审计局受审计厅委托对阿荣旗、新左旗进行了专项审计，其他旗市审计部门对扶贫资金进行了同级审计。后来，自治区审计厅委托通辽市、包头市审计部门对鄂伦春旗、莫旗扶贫资金进行专项审计；随后，市纪委牵头，组成3个检查组对农牧、扶贫项目开展专项检查；市扶贫办、财政局、检察院联合开展财政资金专项检查；2017年8月下旬自治区财政厅、扶贫办将对财政专项扶贫资金开展全面检查。纪检组先后与莫旗、扎兰屯市、新左旗、新右旗纪委联合，就群众反映的相关问题线索和专项资金使用情况，联合开展监督检查。针对资金拨付缓慢、资金使用不精准方面的问题联合旗市区检查，督导改进。通过来信来访线索排查，对群众反映的具体问题进行专项查办，共受理查办信访案件9件。

第五章

产业扶贫模式的经验与成效

两个嘎查全面贯彻鄂温克旗坚持以产业发展带动精准脱贫的安排，按照"市场引导、项目支撑、资金扶持、龙头带动"的总体思路，不断壮大主导产业，培育提升特色产业。通过扶贫龙头企业、扶贫示范合作社与贫困户建立利益联结机制，带动贫困户创业、就业，使每个贫困嘎查都有主导产业和集体经济，每个贫困户都有增收项目，把"输血"逐步转化为"自主造血"，为贫困群众持续稳定增收脱贫奠定了基础，逐步走出一条脱贫致富的新路子。

第一节　突出抓好扶贫脱贫的重点项目

一　突出抓好标准化基地建设

按照"产业集聚、资金集合、项目集中、效益凸显"的原则，高标准、高规格、高质量打造生态畜牧、蔬菜种植、食用菌种植、禽类养殖等示范基地，使之成为精准扶贫产业发展核心集聚区、先进科技成果转化中心区、生态循环农牧业样板区、有机产品认证区、体制机制创新试验区。全旗依托光明、阳光等乳业公司发展优质奶源基地，建设150头以上奶牛场3处，积极扶持3家奶牛专业合作社建设家庭牧场，带动150户贫困户从事奶牛养殖，促进奶业健康可持续发展。加快推进肉牛、肉羊养殖基地建设，建设500头以上肉牛养殖场5处，带动200户贫困户从事肉牛养殖、发展肉牛产业；建设3000只以上肉羊养殖基地4处，带动147户贫困户从事肉羊养殖。加强高标准饲草料基地建设，依托呼伦贝尔华和农牧业有限公司和阳波畜牧业有限公司两家草业公司，采取"龙头企业＋合作社＋贫困户"的模式，扩大优质苜蓿种植面积10万亩，打造国家级草牧业发展示范基地。

二　突出抓好农牧业经营主体培育

破除制约农牧业发展的体制机制障碍，加快培育新型农牧业经营主体，积极探索并创新"企业＋基地＋合作社＋贫困户"、"政府＋企业＋嘎查两委＋牧户"的扶贫利益链接机制，发挥龙头企业和农牧民专业合作社等市场经营主体的示范带动作用，建立起稳定的多方合作关系，实现小生产与大市场的有效对接。扶持农民专业合作社 10家，带动贫困牧民 230 人。薏沣公司通过"政府＋龙头企业＋银行＋牧户"方式，2017 年，以牧民带资入股方式共向全旗牧区 300 户精准扶贫牧民每户分红 3750 元，总计 112.5 万元；英伦畜牧业牧民专业合作联社采取"合作联社＋牧户"模式，从 2015 年 11 月开始，以肉羊托养形式，利用当地天然草地资源和苜蓿草产品，采用集约高效的生产模式集中小规模散养户的 2643 只基础母羊，按每年每只 160 元固定分红，两年累积分红 84.57 万元。2017 年，又吸纳 118 户小规模散养户和贫困户的 1109 只短尾基础母羊，积极探索整合资源，改变单个牧民分散零散的传统饲养方式，加快集约化、现代化高效畜牧业发展进程。呼伦贝尔有保生态农牧业开发股份有限公司采用"公司＋基地＋农牧户"的合作模式，自筹资金建设生态鸡养殖基地 5600 亩，与巴彦托海镇团结嘎查牧民专业合作社合作，养殖 10000 只生态鸡，带动 29 户贫困户从事生态鸡养殖产业，每户增收 5000 元左右。呼伦贝尔森草公司与伊敏苏木希望繁荣合作社合作，带动 9 户贫困户饲养 10000 只生态鸡、5000 只大鹅，每户牧民增收4000 元。在各类产业化组织与农户的联结方式中，订单合同方式占 30%，价格保护方式占 15%，服务合作、流转聘用方式占 20%，农牧户与龙头企业之间的利益联结方式不断规范、完善。

三 突出抓好农业产业品牌培育

以"名优特精"为发展方向，利用好"绿祥"获得有机产品认证、"伊赫塔拉"获得中国十佳羊肉品牌称号等优势，着力打造本地区牛羊肉绿色品牌，提高肉产品附加值。结合产业脱贫，培育一批投资少、风险低、见效快的特色产业，重点发展特色庭院经济，实现牧民就地转移就业。鼓励发展奶制品、牛羊肉等民族特色食品加工产业，不断拓宽牧民增收致富渠道。坚持通过强龙头、创品牌、带牧户、集中资源加快发展特色产业，着力补齐产业链短板，创新产销对接和利益联结机制，带动更多贫困群众实现精准脱贫。全旗共有内蒙古"名优特"农畜产品品牌 19个、无公害农产品品牌 6个、绿色食品品牌 12个、有机食品品牌 8个，新增区级著名商标 3个、市级知名商标 1个，鄂温克短尾羊地理标志申请工作取得积极进展。鄂温克旗现有重点农牧业产业化龙头企业 18家，其中自治区级 3家、市级 15家。2017年实现销售收入 55000万元；完成增加值 15300万元；带动农牧户 4040户，其中贫困户 761户。

四 统筹整合产业发展资金

以产业发展为平台，成立涉农资金整合领导小组，制定出台涉农资金工作方案、管理办法，将凡是能整合的涉农资金全部进行整合，集中投向贫困村产业优势区域，从项目谋划、申报、审批、实施、验收各个环节着手，加大资金监管力度，让各类涉农资金在助力农业产业发展上发挥最大效益。按照上级涉农涉牧资金统筹整合工作相关要求和规定，为在畜牧业转型升级中带动贫困户脱贫增收，以扶持牧民专业合作社带动贫困户增收为主要手段，以发展嘎查集体经济为辅助措施，共整合涉农涉牧项目资金 9492.24 万元，其中金融贷款 2750 万元，涉牧资金4928.46 万元，"三到村三到户"项目资金 1500 万元，特色产业扶贫资金 313.78 万元。

五 因地制宜，通过多种形式做好培训工作

大力开展产业精准脱贫培训工作，结合贫困户实际选择情况，通过蒙古包课堂、产业精准脱贫培训、一对一指导培训和菜单式培训，完成种养业技术培训 2000 余人次。旗就业局组织举办各类培训班 14 期，其中中式面点培训班 2 期，培训 80 人（其中贫困户 6 人）；奶制品制作培训班 2 期，培训 97 人（其中贫困户 22 人）；太阳花民俗手工艺品制作培训班 2 期，共培训 62 人；电焊培训班 2 期，培训 79 人（其中贫困户 13 人）；化妆师培训班 2 期，共培训 64 人。针对低收入贫困劳动力举办 2 期创业培训班，培训 51 人。旗农牧业局与旗科协联合举办了 7 期专题培训班，其中有：蔬菜种植技术培训班 40 人（贫困户）；黑

木耳种植培训班 45 人（贫困户）；大鹅养殖培训班 62 人
（其中贫困户 36 人）；现代肉羊养殖技术培训班 2 期 190
人次（其中贫困户 132 人次）；肉牛养殖培训班 78 人（其
中贫困户 52 人）。旗妇联举办 4 期奶制品制作培训班，共
计培训贫困妇女 138 人，其中建档立卡贫困妇女 24 人。

六 认真做好脱贫攻坚产业项目储备

为夯实项目安排和资金使用精准基础，旗脱贫攻坚指
挥部决定建立鄂温克旗产业脱贫项目库。在全旗 8 个贫困
苏木乡镇征集产业发展、嘎查集体经济、基础设施、社会
事业发展等与脱贫攻坚工作相关的项目。实行有进有出的
动态管理，通过严格筛选，已储备 46 个优质产业脱贫项
目，为今后项目争取、产业结构调整准备了项目资源。

第二节 因地制宜探索牧民脱贫致富新路

一 引进新技术让牧户脱贫增收

通过把贫困户纳入肉羊养殖产业化生产中，不断引进
新技术，通过科技创新让贫困户的"扶贫羊"变成"致富
羊"，探索出了一条以科技养殖助推精准脱贫的新路子。

例如，温都尔嘎查牧民长寿家之前是嘎查里的贫困户，几年前，在政府脱贫帮扶资金的支持下，购买了 40 多只本地羊，后来已经发展到 300 多只。长寿家 2016 年在农牧部门的指导下引进南非杜泊羊种公羊，实施了杜泊羊与本地呼伦贝尔羊的杂交，羊群从 2017 年 2 月底陆续接羔。旗农牧业局技术推广研究员赵艳芳惦记着牧民到底能从品种改良中得到多少实在的效益，多次来到他们家跟踪指导。长寿家里 200 只羊与杜泊羊杂交后生出的小羊，出栏时每只羊比本地羊多产了 10 斤肉。杂交羊的肉平均每斤 12 元，一只羊就能多卖 120 元，长寿家当年就增收了 2.4 万元。

二　建立牧业专业合作社成效显著

在开展脱贫攻坚工作中，通过将贫困牧户纳入畜牧业专业合作社的方法，实现产业带动脱贫，并将"三到村"、"三到户"脱贫专项资金作为基金投放到合作社，牧民可按年领取固定分红。

以查干诺尔嘎查为例，合作社为每户贫困牧民购买 45 只基础母羊进行集中饲养，贫困户可以享受到每只每年 160 元的固定分红。考虑到呼伦贝尔羊产肉量低，当地农牧部门决定把"脱贫羊"与杜泊羊杂交配种产下 F1 代羔羊，当年产羔率达到 71.1%，产肉率也大幅提升，到了年底每户牧民多得 2000 元分红。目前合作社养殖的肉羊已经达到 5000 多只，又将新引进的澳大利亚白羔羊与 F1 代羔羊进行了杂交，F2 代羔羊产羔率达到了 150%，新品种的羊更耐寒，个头更大。牧民以资产入股、投工投劳、牲畜托养入社等方式获得收益分红，取得了合作社与贫困户互惠共赢的良好成效，实现了户均2000多元的产业发展收益。

巴彦塔拉乡巴音布拉尔合作社成立于2010年，起初仅由几户牧民组成，每户以出资5只羊或5000元现金的方式入股，规模较小，发展速度缓慢。

在旗扶贫办和巴乡政府的大力支持和帮助下，牧户把政府扶持的羊作为入股资本，经过几年的发展，巴彦塔拉乡巴音布拉尔合作社已经达到一定的规模，基础设施完备，现有羊舍已经达到1300多平方米，有大型拖拉机3台、圆捆机3套、打草机6套，基础母羊达到2000多只。

合作社的快速发展给入股的贫困户牧民带来了最直接的经济收益，加入合作社的35户贫困户，最初每年只能领到一两千元的收入，现在每户每年能领到七八千元的收入，合作社为贫困户提供就业岗位20余个。

在对旗扶贫办的回访中，合作社的参与户这样讲："合作社不仅给我们年终分红，而且打草也比以前省钱了"。据了解，打草季节合作社为参与户打草，市面价格为每亩12元，对合作社每亩只收7元，降低了其成本，解决了贫困户打草设备落后、打草时间长的难题。

合作社的发展推进了牧业现代化发展进程，增加了贫困户收入，拓宽了牧民的就业渠道，牧民实现了不外出就能脱贫致富的梦想。

三 以家庭为单位培育发展特色产业

在分析贫困地区资源禀赋、产业现状、市场空间、环境容量、新型主体带动能力和产业覆盖面的基础上，因地制宜发展特色产业，加快培育优势特色主导产业、脱贫增收支柱产业。2017 年共完成蔬菜种植 42.5 亩、黑木耳种植 130 万袋、生态鸡养殖 2 万只、大鹅养殖 10 万羽、蒙中药材种植 100 亩、民族食品生产销售开设 8 个扶贫销售专柜和新建一座民族食品生产加工厂、旅游开发 36 户牧户游项目、林业产业培育家庭苗圃大苗 5.18 万株。各类特色产业纯收入达到 615.7 万元，实现户均近万元的直接收入。通过建立"党支部 + 合作社 + 龙头企业 + 贫困户"多赢利益联结机制，采取自建直补、先建后补等模式支持贫困户发展禽类、食用菌、蒙中药材等 10 种投资少、风险低、见效快的特色优势产业。

查干诺尔嘎查和温都尔嘎查都是典型的牧业传统，牛、羊、马的饲养放牧是牧民世代赖以生存的生产生活方式，单一的结构给牧民的增收脱贫带来制约。因此，嘎查打破传统，通过示范引领，使牧民由纯牧业型向农牧结合型转变。鼓励贫困户牧民发展庭院经济，养鸡养猪。布拉尔牧民合作社 7 户贫困户入社种植黑木耳 10 万袋，预期收入 10 万元，户均增收 6500 元，5 户贫困户每天每人在基地务工收入 100 元。特伦牧民合作社带动 16 户贫困户养殖笨鸡 1 万只，由龙头企业订单收购，预期收入 15 万元，户均增收 7000 元。赛纳牧民合作社养殖大鹅 2 万羽，预期收入 56 万元，带动 12 户贫困户户均增收8000 元。

四　实施"五位一体"的金融扶贫脱贫

通过"政府＋银行＋担保＋龙头企业＋贫困户"的五位一体资产收益扶贫模式，强化与农业银行、邮储银行及扶贫龙头企业的深入合作，发挥财政资金"四两拨千斤"的导向作用，政府投资 1000 万元撬动农业银行和邮储银行向贫困户贷款近 3000 万元，由贫困户带资入股龙头企业以支持企业发展生产，以贫困户不直接参与经营、不承担经营风险的方式获取本金 8% 或 7.5% 的收益，既保障了龙头企业健康发展，又促进了贫困群众增收脱贫。全旗有 421 户贫困户实现户均 3750 元至 7750 元的稳定增收。设立产业扶贫专项基金。积极争取上级资金 788 万元以设立产业扶贫基金，确保产业扶贫有长期的资金保障和支撑，实现产业扶贫常态化、制度化，不断促进贫困牧民持续增收。

五　让脱贫政策为牧民增收保驾护航

鄂温克旗持续实施精准扶贫、精准脱贫基本方略，以机制创新为动力，以贫困人口增收为核心，加强组织领导，推进政策落实，努力做到脱贫不脱钩、脱贫不脱政策、脱贫不脱帮扶，为贫困牧民脱贫致富保驾护航。

2017 年对锡尼河西苏木特莫胡珠嘎查贫困牧民孟和斯仁来说是不平凡的一年，他不仅有了属于自己的房子，还找到了生活的目标，有了自己的创业方向。孟和斯仁是已脱贫户，由于脱贫不脱政策，2017 年他继续享受旗里的 67 项帮扶措施。这一年，孟和斯仁一家的生活发生了巨大改变。2017 年底，孟和斯仁一家搬进了嘎查易地搬迁项目房，有了真正属于自己的家，还享受了金融扶贫、健康扶贫以及"三到村三到户"项目入股分红等政策。特莫胡珠嘎查结合旅游扶贫政策专门为四户贫困户搭建了蒙古包，并配齐了座椅餐具等，用于家庭旅游接待，贫困户只要准备食材进行经营就可以，孟和斯仁就是其中之一。从 2017 年 6 月初到 9 月底，第一次接触家庭牧户游的孟和斯仁和妻子获得五千多元的纯收入，这也让孟和斯仁看到了未来生活的方向，找到了用自己的双手改变生活的方向。

新一年的到来，对孟和斯仁来说意味着新生活的开始，2018 年他不仅要继续经营家庭旅游点，还要把旅游业作为他今后的主要发展方向。相信只要通过努力，他家生活一定会越来越好。

六 脱贫"菜单"让牧民"自选"实惠

鄂温克旗紧盯贫困人口致贫原因和脱贫需求，整合全旗各部门政策、资金和资源，出台精准脱贫 67 项帮扶措施，对贫困人口实行分类扶持。各项脱贫政策的落地实施，直接带动了贫困群众的就业和增收。经统计测算，2017年度，鄂温克旗已脱贫贫困户人均收入达到12433元，远高于自治区贫困户准入标准。其中人均经营性纯收入665元，占总收入的5.3%；人均工资性收入4355元，占总收入的35%；人均财产性收入1474元，占总收入的11.9%；人均转移性收入5939元，占总收入的47.8%。

2018年是区贫旗摘帽关键年，鄂温克旗进一步拓宽帮扶领域，整合新一年各部门政策、资金和资源，剔除不再适合的措施，重新修改印发了《鄂温克旗精准脱贫措施》，更多符合地方发展实际的帮扶措施被纳入新的脱贫"菜单"，全面助力鄂温克旗实现精准滴灌、靶向治贫。

从新的67项脱贫措施来看，政府"配菜"更加丰富。在原有的思想教育、产业扶贫、创业就业扶贫、金融扶贫、教育扶贫、基础建设扶贫、社会保障扶贫和其他脱贫措施基础上，又新增了社会扶贫，扶贫措施从8大类67项增至9大类67项，措施更加细化、更加丰富、更加符合新时期的发展实际。

产业扶贫是打赢脱贫攻坚战的关键。新"菜单"的产业扶贫措施从原有的18项增加为21项，在保持畜牧业、特色产业和产业发展配套项目帮扶措施的基础上，新增了电商扶贫，旨在扶持培育电商扶贫企业和电商扶贫网店，鼓励贫困户开办网店，建立以销售扶贫产业产品为主的电商扶贫示范网店，优先收购、代销贫困户的特色产品，促进"网订店取"、"网订店送"，促进"工业品下乡"和

"农产品进城"双向流通，实现贫困户减支增收。

金融扶贫方面，进一步细化了措施，防范化解金融风险，确保贫困户在产业收益中得到不低于贷款额度 8% 的分红收入。

社会保障扶贫方面，新增了特困人员供养和健康扶贫再保险，贫困户还将享有个性化、差异化的治疗方案，减少因病致贫、因病返贫现象发生。

尤为值得一提的是，除专项扶贫、行业扶贫外，新完善的 67 项脱贫措施更加注重发挥社会扶贫作用，将社会扶贫单列为 9 大类扶贫措施中的重要一类，引进扶贫开发协会、企业、社会组织、爱心人士的力量，为全旗脱贫攻坚注入新动力，举全旗各行各业之力，为贫困群众量身打造更加精准、更加可口的"脱贫菜单"，让贫困群众实现高质量的脱贫。

脱贫攻坚已到了冲刺总攻的决战阶段。2017 年，鄂温克旗紧密结合自治旗实际，紧盯建档立卡贫困人口规划产业、制定政策、设计项目、安排资金，经过几年的探索实践，为贫困户脱贫解困量身定制了 67 项精准脱贫措施，编制成"菜单"，瞄准"靶芯"去"穷根"，供贫困牧民"自选"，得到群众的广泛认可。

给钱给物只能解一时之困，只有在扶持特色产业上多想办法，才能真正拔掉"穷根"，才是稳定脱贫的"金钥匙"。贫困嘎查的禀赋条件有所差异，贫困家庭的致贫原因也各不相同，因地制宜、精准施策，才是真正的精准扶贫。鄂温克旗脱贫"菜单"中的 67 项措施，宜牧则牧，宜林则林，宜游则游，宜商则商，包括21项产业扶贫措施，10项创业就业扶贫措施，4项金融扶贫措施，5项教育扶贫措施、4项基础建设扶贫措施、23项社会保障扶贫措施及其他脱贫措施。贫困群众按照自己的意愿和自身实际情况，选择其中适合自己发展的脱贫措施。如此一来，不仅仅是把政策、资源等精准地指向了贫困户，更重要的是让贫困户在新的产业发展中找到了自己的位置。既放眼长远，又量体裁衣；既切实增加投入，又充分发挥贫困群众的主体作用；杜绝"干部干、群众看"的现象，激发贫困群众的内生动力和自我发展能力，树立劳动光荣、致富光荣的社会风气，蹄疾步稳地摆脱贫困，这也是坚持精准扶贫、精准脱贫的题中应有之义。

21项产业扶贫措施中明确提出要扶持牧民专业合作社发展，带动贫困户增收。除了传统产业及其配套项目外，鄂温克旗还支持大力发展黑木耳种植、民族手工艺品制作、民族食品生产销售产业和家庭牧户游等在内的特色产业，每户最多补贴1万元；支持新建棚圈等基础设施，每户补贴3万元。

10项创业就业扶贫措施的重点是各类创业就业培训，另外还明确提出龙头企业、创业园区及工业岗位要优先安排有能力有意愿的贫困户就业；民生市场、商场免费为贫困户提供一定数量的特色产品销售专柜等。

4项金融扶贫措施旨在解决贫困户没有抵押物而无法贷款的实际困难，实施"贫困户＋金融机构＋龙头企业＋地方政府"四方利益联结机制，以"资金变股金、贫困户变股民"的形式发展生产，确保贫困户从中获取稳定收入。全年发放贴息贷款5000万元，户均约5万元，确保无劳动能力的贫困户户均收益4000元。引进中国扶贫基金会下设的中和农信小额贷款公司，发放额度3000万元。申请建行助农贷2亿元左右，全面改进和提升扶贫金融服务，通过金融扶贫、富民工程项目、创业担保贷款等，增强扶贫金融服务的精准性和有效性。

5项教育扶贫措施以及4项基础建设扶贫措施，主要通过民族教育优惠政策精准扶贫、完善"水电路讯房"等基础设施精准脱贫。

在67项具体措施中，社会保障及其他脱贫措施占了23项，这23项具体措施将形成一张民生覆盖网，实现精准扶贫精准脱贫与社会保障的无缝对接，医疗救助、健康扶贫保险、先诊疗后付费制度、各类生活救助以及最低生活保障兜底等一项项具体措施，整合各项社会救助政策，构建了一张完整的社会保障兜底网，从而可助力实现小康路上一个都不掉队的目标。

据了解，为坚决打赢脱贫攻坚战，鄂温克旗安排脱贫攻坚工作资金6500多万元，引导整合资金达4亿多元，今后继续不断吸引和撬动更多的信贷和社会资金投向产业扶贫开发领域，采取更准、更实、更硬的政策措施，超常规、大力度补短板、挖潜力、抓落实，确保全面完成脱贫攻坚任务，坚决打赢这场输不起的战役，把祖国北部边疆少数民族自治旗这道风景线打造得更加亮丽。

七 "分红"措施让牧民鼓起钱袋子

经过一年的辛勤耕耘，鄂温克旗巴彦塔拉达斡尔民族乡伊兰诺尔生态种植专业合作社的牧民"股东"们拿到了一笔丰厚的产业分红，真金白银的产业红利让过去一到年底就为钱发愁的贫困牧民们迎来了一个充满希望的新年。

12月末，室外天寒地冻，却也冻不住牧民脸上喜悦的笑容。2017年4月入股巴乡伊兰诺尔生态种植合作社的14户贫困牧民每户领到了12000元的分红款。郭红也是其中之一，因常年体弱多病，仅医药费一项就让这个本就不殷实的家庭入不敷出。2017年年初，脱贫攻坚战全面打响，在众多的帮扶措施中，郭红选择了和其他13户贫困牧民共同入股合作社种木耳，这一产业也是巴彦塔拉达斡尔民族乡在2017年实施的重点扶贫产业项目之一。

"授人以鱼，不如授人以渔"，为彻底帮助贫困户摆脱"等靠要"思想，变"输血"式扶贫为"造血式"扶贫，巴彦塔拉达斡尔民族乡党委政府决定结合自治旗67条扶贫措施在全乡发展食用菌产业，利用民委扶贫项目资金40万元入股合作社食用菌种植项目，并动员14户建档立卡贫困户将14万元食用菌种植补贴资金入股项目中，由呼伦贝尔环球瞭望生物科技有限公司负责生产经营，伊兰诺尔合作社负责出资。合作社法人说："我们的出发点就是结合当地实际，一切为了牧民的最大利益，下一步我们将继续与企业合作，扩大效益。"

通过"企业＋合作社＋贫困牧民"的形式，带动无劳动能力、无生产技术的贫困户脱贫致富，让资金变股金、牧民变股东。贫困牧民们合理利用政府提供的资源和帮助，自己动手，增强自我发展的能力，依靠勤劳的双手，加倍努力走上脱贫道路。

八　"贫困户＋旅游"让牧民走上脱贫致富路

旅游业因其关联度高、涉及面广、带动性强，已成为经济社会发展中最具活力的富民产业。鄂温克旗将旅游业与脱贫攻坚紧密结合，力争通过旅游产业带动贫困户脱贫致富，鼓励和支持具备条件的贫困户开发家庭旅游，发展牧家乐，为全旗实现健康、持续、全面、和谐发展续写新篇章。

（一）整合全旗旅游资源，旅游扶贫识别精准

按照鄂温克旗脱贫攻坚指挥部"精准到户、精准到人"的工作要求，旗旅游局第一时间召开旅游产业扶贫专项部署会，组织工作人员全面开展全旗旅游产业扶贫摸底调查工作。基于对贫困户的考察走访，多次与苏木乡镇和嘎查对接，并参照建档立卡贫困户名单，综合全旗旅游资源以及贫困户的意愿，识别出 36 户 95 人作为旅游产业扶贫对象，为鄂温克旗开展旅游产业扶贫工作明确了目标，做到了精准识别。识别出的 36 户 95 人，涉

及 5 个苏木乡镇 10 个嘎查，其中 5 个合作社分别带动 24 户 67 人发展旅游产业，其他 12 户 28 人自主经营家庭牧户游。

（二）推行"旅游+"模式，旅游扶贫施策精准

鄂温克旗结合本地旅游资源禀赋和市场需求，因地制宜，开发形式多样、特色鲜明、能够带动贫困户广泛参与的旅游扶贫产品，创新"贫困户+"模式，因户施策。一是采取"嘎查两委+合作社+贫困户+旅游驿站"模式，锡尼河东苏木维特根嘎查唐苏格牧民专业合作社带动贫困户 6 户 21 人，由嘎查两委带动，合作社牵头，贫困户出劳动力，旅游局整合全域旅游资源，以建设小型旅游驿站的形式联合兴办家庭牧户旅游点，从而实现贫困户增收脱贫。二是"旅游+党支部+贫困户"模式，辉苏木完工托海嘎查 3 户贫困户在嘎查党支部的带动下，零投入从事家庭牧户游。三是"旅游+合作社+贫困户"模式，辉苏木辉道嘎查维力斯畜牧业牧民合作社带动本嘎查 7 户贫困户从事旅游业。四是"品牌牧户游+贫困户"模式，辉苏木乌日切奇合作社带动当地 4 户贫困户，辉苏木银阿木吉牧户游合作社带动当地 4 户贫困户。五是"旅游+便利餐饮+贫困户"模式，锡尼河西苏木 4 户贫困户开办旅游便利餐饮店，巴彦塔拉乡 1 户贫困户开办茶食店。六是"牧户游+贫困户"模式，锡尼河西苏木 4 户贫困户、伊敏苏木 1 户贫困户、巴彦塔拉乡 1 户贫困户自主经营牧户游。

为进一步加快全旗旅游产业扶贫步伐，鄂温克旗加大

投入力度，整合资源，下拨专项旅游扶贫项目资金 198 万元，截至 2017 年底，发展旅游产业的贫困户接待游客人数达到 5800 余人次，贫困户旅游接待直接收入 9.2 万余元，贫困户户均收入达到 2787.87 元。

第六章

做好精准扶贫精准脱贫工作的几点建议

一 加大思想扶贫力度

从调查问卷来看，村干部以及驻村扶贫干部认为急需的扶贫项目是思想扶贫的占比达到了 30%。扶贫先扶志，要从思想上、精神上进行帮扶。在扶贫工作中，部分贫困村存在"争当贫困户"以换取扶贫补贴的现象，贫困群众脱贫内生动力不足，"等靠要"思想严重。这与扶贫干部过于"大包大揽"、"保姆式扶贫"有一定关系。

贫困户绝大多数信息来源于广播电视以及手机，要利用好这两个渠道加大对思想扶贫的宣传力度，只有树立先进的思想观念，才能让贫困户从"等靠要"中解放出来，眼界才会更宽广。要充分调动起贫困群体的主观能动性，真正实现从"要我脱贫"到"我要脱贫"的根本性转变。

二 加强基础设施建设

基础设施建设究其根本，就是为农牧民的生产、生活服务的系统，能够优化农牧民劳作、休闲时的条件，从更多的方面优化农村牧区条件，进而从根本上推动农村产业的协调和综合发展。从调查问卷来看，村干部中有 40%、驻村扶贫干部中有 30% 的人认为农村饮水安全工程是本村急需的扶贫项目，同时在已脱贫的调查户当中有 36.7% 的已脱贫户认为农村饮水安全、危房改造、沼气等清洁能源建设等基础设施项目对自己的脱贫作用最大。基于加强基础设施建设工作在促进贫困地区的经济增长、有效推进农牧民增收、推动贫困地区的现代化发展方面所产生的巨大作用，各级政府应该对农村牧区的基础设施建设工作给予足够的重视，实施好国家部署的贫困村提升工程，解决好贫困户住房、通路、通水、通电、通网络等突出问题。

三 拓宽扶贫发展资金来源渠道

基层干部认为，贫困地区在产业发展中遇到的最大难题就是资金短缺。从调查数据来看，村干部当中的 20%、驻村扶贫干部中的 30%、贫困户中的 36.7% 认为贴息贷款和低息贷款是急需的扶贫项目，这只是资金短缺的一个缩影。在与基层干部的交流当中，他们也介绍了牧民合作社、"三到村、三到户"扶贫贷款项目对于贫困户生产发展所起到的重要作用。因此，继续保专项扶贫资金、争行业扶贫资金、寻社会扶贫资金，开拓一条"保"、"争"、"寻"三位一体的扶贫资金来源渠道。允许扶贫专项资金的整合捆绑使用，以发挥"组合拳"的功能，将资金用到最需要的领域，让扶贫资金产生的效益最大化。

四 增强贫困地区自我发展能力

发展才是硬道理，脱贫攻坚只有以产业为依托，才能有坚实的物质基础。产业扶贫是促进贫困地区发展、增加贫困农户收入的有效途径，是扶贫开发的战略重点和主要任务。从问卷调查数据来看，超过30%的村干部及驻村扶贫干部认为本村急需的扶贫项目是符合当地特色的农牧业及其加工业。积极支持特色支柱产业发展，将扶贫资金主要安排用于发展农畜牧业特色产业，积极寻找特色农畜产品深加工企业，在解决特色产品加工、销售问题的同时，创造更多的工作岗位。

五 建立健康扶贫长效机制，完善医疗保障体制

在健康扶贫方面，应有效传播健康知识，提升群众健康素养，对贫困人口实行免费体检，实施大病集中保障、慢病签约服务、重病兜底保障。预防因病致贫因病返贫，鼓励优质医疗资源下沉、就近就医的同时降低医疗费用负担等。制定城市医院"资源下沉"的约束激励机制，运用大数据扶贫平台提高精准脱贫的效能。应重点解决贫困地

区基本医疗保障问题，对因病致贫群众加大医疗救助、临时救助、慈善救助等帮扶力度。完善医疗保障体制，对于因病致残致贫的贫困户可以全免治疗医药费用并考虑适当给予生活补助。

六　增强防灾抗灾能力，完善各项政策措施

健全公共安全体制，增强全社会防灾抗灾能力，对因灾致贫制定专门的扶助办法。要针对草场土地承包中的不足完善相应政策。要建立人才引进机制。人才引进有利于调整牧区产业结构、带动牧区广大牧民和贫困户快速发展、形成现代化畜牧业产业链。要出台发展奶业优惠政策，奶产业的发展对于解决牧区经济问题具有重大作用。要提升牛、羊肉品牌。牧区牛、羊饲养方式独特，饲养成本较高，品质属国内一流，提升牛羊肉及相关畜牧业产品的品牌地位、提高牛羊肉的市场价值有利于牧区经济发展。

政府还可以通过还林还草、水源保护等生态建设扶贫，通过扶持创业就业扶贫，让康复人口通过发展产业和落实就业岗位实现脱贫，以及金融优惠扶贫、通过发展教育以及文化建设扶贫等等。消除贫困的实质是推动社会全面发展。

附　录

附录一 呼伦贝尔市精准扶贫大数据管理平台联网运行 [①]

2016 年 8 月 9 日

近日，呼伦贝尔市精准扶贫大数据管理平台实现全市联网运行，"数据分析、精准监督、交流服务"三大功能作用充分显现，这是以现代信息技术对全市脱贫攻坚工作进行精准化管理的重大举措。7 月 30 日，向全区扶贫系统成功展示了包括扶贫对象、贫困数据分析、扶贫计划、帮扶措施及脱贫户跟踪管理的全部过程，全区首创的精准监督功能倍受关注。

呼伦贝尔市精准扶贫大数据平台的定位是利用大数据和移动互联技术，建立呼伦贝尔市精准扶贫大数据库和数据中心，并对数据进行专业化分析处理，有针对性地满足各行业、各部门共享信息、跨界协作需求，助力精准扶贫。

呼伦贝尔市精准扶贫大数据管理平台设市、旗、乡、村、户 5 个层级，扶贫大数据平台的主界面有人口地图、数据对比分析、贫困原因分析、年龄性别分析、受教育程度分析、劳动能力分析、健康程度分析等管理模块，可直接链接各旗市区数据。该平台从基层扶贫数据统一录入、统一存储、统一管理着手，确保扶贫信息真实可靠；干部与贫困户点对点、面对面的扶贫过程实时回传数据中心，

① 资料来源：呼伦贝尔市人民政府网。

实现贫困信息与帮扶干部信息无缝对接，做到群众不脱贫、干部不脱钩；营造氛围、打造社会扶贫新通道，建立起社会力量与贫困户之间的桥梁，引导社会力量以不同的方式履行社会责任，利用社会力量的自身优势和资源，推动扶贫事业发展。

大数据管理平台已升级为全市精准扶贫作战指挥中心，按照"四个清"要求，实现了平台指挥远程调度，精准帮扶远程监督，扶贫成效实时掌控，有助于贫困户脱贫信息实时采集与查询、跟踪与定位相融合，全方位、多手段地稳步推进脱贫攻坚进程。同时，倒逼精准扶贫精准脱贫政策的落实，为各级党委政府决策和开展精准扶贫提供科学依据。

目前，按照"两不愁、三保障"的目标要求，正在开发"住房分析、支出分析、收入分析"等管理模块，真正通过"互联网+"实现精准脱贫。

附图 1-1　呼伦贝尔市精准扶贫大数据平台

精准扶贫精准脱贫百村调研·查干诺尔嘎查和温都尔嘎查卷

附录二　草原上养殖生态大鹅，让牧民腰包鼓起来 [①]

养鸡养鹅，给大家的印象应该就是农区生活的真实写照，但是，在大草原上养大白鹅致富还是个新鲜事，但就是这样一件新鲜事，成了一个嘎查脱贫致富的新路子。

巴彦塔拉乡温都尔嘎查是个牧业嘎查，在草原干旱、肉价低迷的大环境的影响下，牧民的生产生活和收入都受到了影响，怎们脱贫致富成为这个嘎查每一位牧民每天都在琢磨的事，在这个嘎查有这么一个人，他率先在草地上养起了大白鹅，而且还成功了，他也成为嘎查里第一个吃螃蟹的人，现在有很多的牧民都要和他一起养鹅致富呢，他就是吴玉良，现在我身后正在建设的就是吴玉良的养鹅温室。

记者来到吴玉良的大鹅养殖基地时，他正带着牧民们在新建的鹅舍里做鹅雏的温床，皮肤黝黑的他总喜欢戴着一顶帽子，不善言辞，但是干起活来很认真，一丝不苟地做好每一件细小的工作。

去年养鹅致富的吴玉良在精准脱贫项目的帮助下，今年又在原有基地的基础上新建了两座400平方米的标准化鹅舍，新增了鹅雏繁育室、防疫室等，养鹅程序越来越规范化了。有了以往的养鹅经验，吴玉良今年购进了2万只

①　资料来源：鄂温克旗扶贫办提供。

鹅雏，准备大刀阔斧地大干一场，带着其他的贫困牧民一起养大鹅。

今年47岁的吴玉良是个地地道道的牧民，多年来也一直是靠着养牛羊过日子，可是去年的旱灾，让吴玉良的牧业生产受到了严重影响，几百亩的草场一捆草也没出，寻找新的致富出路成为吴玉良每天都在琢磨的事。在旗里组织的一次产业培训中，吴玉良听说可以在退化的草场上养大白鹅，他回来后跟家里人一商量，当即付诸行动，建鹅舍、修水塘、围围栏，与大鹅生产加工企业沟通，签订大鹅收购订单，终于在2016年的6月初将6000只鹅雏接到了草原上，开始了他的养鹅之路。最初，经验不足的吴玉良也在养鹅的技术上犯过难，但贵在他的坚持，通过不断学习和请教技术人员，吴玉良也掌握了些门道，在9月份出栏的时候他养的大白鹅有5000只达到了企业收购标准，全部被企业收购，这一下子，辛苦了三个多月的吴玉良挣到了一大笔钱。

吴玉良养大白鹅成功了，他也一下子成为温都尔嘎查的致富能人，很多牧民看到吴玉良养鹅的收入多，都找吴玉良了解养大白鹅的事。吴玉良说，这要是放在几年前，就是白送给牧民鹅雏让他们养，他们也不会养，那时思想意识上还是很传统的。十八大以来，国家出台的一系列惠民惠牧政策，特别是精准脱贫政策，让有致富想法却苦于没有致富资金的牧民看到了希望，吴玉良逢人便说，有了好的脱贫政策，我们就要努力去做，自己做好了不行，还要带着其他的贫困牧民一起脱贫致富。

在吴玉良的带动下，温都尔嘎查的 12 户贫困户加入了养大白鹅致富的队伍中，大家在吴玉良成功经验的带动下，转型到了城郊型的特色种植养殖业，这跨越的不仅仅是牧民的生产方式，更是牧民的传统思想观念，思路拓宽了，牧民在脱贫致富的这条路上会越走越好。

附图 2-1　吴玉良的大白鹅养殖基地

参考文献

中办、国办:《关于建立贫困退出机制的意见》。

《国务院关于印发"十三五"脱贫攻坚规划的通知》,国发〔2016〕64号。

《关于促进电商精准扶贫的指导意见》,国开办发〔2016〕40号。

《关于完善旗县脱贫攻坚项目库建设的实施意见》,内扶办发〔2018〕28号。

《关于打赢脱贫攻坚战三年行动的实施意见》,呼党发〔2018〕7号。

《关于印发鄂温克旗金融扶贫富民工程实施方案(2013-2017年)的通知》,鄂政办字〔2014〕32号。

《鄂温克旗旗委办公室、旗人民政府办公室关于印发〈鄂温克旗精准扶贫精准脱贫工作实施方案〉的通知》,鄂党办发〔2016〕5号。

《鄂温克旗旗委旗政府办公室关于精准扶贫攻坚中开展机关干部包联苏木乡镇、嘎查及贫困户工作的通知》,鄂党办发〔2016〕7号。

《鄂温克旗旗委办公室关于调整鄂温克旗精准扶贫攻坚工作

领导小组的通知》，鄂党办字〔2016〕39号。

《关于成立鄂温克旗易地扶贫搬迁工作协调小组的通知》，鄂政办字〔2016〕112号。

《关于组建我旗易地扶贫搬迁投融资平台的通知》，鄂政办字〔2016〕150号。

《关于在精准扶贫攻坚工作中需要注意的几个问题的通知》，鄂精扶组字〔2016〕15号。

《关于开展2014年、2015年贫困人口脱贫验收评价工作的通知》，鄂精扶组发〔2016〕21号。

《关于实施脱贫攻坚嘎查级"453"挂图作战的通知》，鄂精扶组发〔2016〕23号。

《关于进一步做好精准扶贫精准脱贫攻坚各项档案工作的通知》，鄂精扶组发〔2016〕24号。

《关于精准扶贫精准脱贫攻坚工作中树典型、抓亮点和开展督查工作的通知》，鄂精扶组字〔2016〕26号。

《关于要求各苏木乡镇开展2014、2015年脱贫验收"再回访"工作的通知》，鄂精扶组字〔2016〕43号。

《关于开展"精准到人"扶持措施调查工作的紧急通知》，鄂精扶组字〔2016〕53号。

《关于调整鄂温克旗精准立卡贫困户脱贫验收工作领导小组的通知》，鄂精扶组字〔2016〕55号。

《2014~2017年呼伦贝尔市扶贫开发建档立卡数据库》。

《2014~2017年呼伦贝尔市扶贫工作总结》。

《2014~2017年鄂温克族自治旗扶贫工作总结》。

后 记

呼伦贝尔是我的故乡，鄂温克族自治旗是我踏入社会的第一站。草原的广饶和美丽，牧民同胞的善良和友爱让我永远难忘。当我看到"精准扶贫精准脱贫百村调研"院特大项目时，立即进行立项申请的准备，想为家乡做点事情。同时，我深知边远牧区的精准扶贫精准脱贫也一定具有代表性。

本次项目调研进行得非常顺利，在市、旗两级扶贫办领导的大力支持下，项目组分别进行了座谈、走访、入户问卷等多次实地调研，获得了大量第一手资料。尤其要感谢呼伦贝尔市社会劳动保障局的高洪亮、市城调队的赵杰以及鄂温克族扶贫办涂力斌主任百忙中给予了我们非常专业的帮助，亲自陪同项目组一起进行入户调查、填表。

通过深入调查后发现，查干诺尔嘎查和温都尔嘎查的精准扶贫精准脱贫工作具有示范性，对我国少数民族牧区早日实现全面脱贫具有借鉴作用。我为家乡感到自豪！

黄育华

2019 年 10 月 18 日

图书在版编目（CIP）数据

精准扶贫精准脱贫百村调研. 查干诺尔嘎查和温都尔
嘎查卷："七个精准"助力边疆牧民幸福生活 / 黄育华，
李虹著. -- 北京：社会科学文献出版社，2020.6
ISBN 978-7-5201-5856-5

Ⅰ.①精… Ⅱ.①黄… ②李… Ⅲ.①农村-扶贫-
调查报告-鄂温克族自治旗 Ⅳ.①F323.8

中国版本图书馆CIP数据核字（2019）第280808号

·精准扶贫精准脱贫百村调研丛书·

精准扶贫精准脱贫百村调研·查干诺尔嘎查和温都尔嘎查卷
——"七个精准"助力边疆牧民幸福生活

著　　者 / 黄育华　李　虹

出 版 人 / 谢寿光
组稿编辑 / 邓泳红　陈　颖
责任编辑 / 桂　芳
文稿编辑 / 贺拥军

出　　版 / 社会科学文献出版社·皮书出版分社（010）59367127
　　　　　地址：北京市北三环中路甲29号院华龙大厦　邮编：100029
　　　　　网址：www.ssap.com.cn
发　　行 / 市场营销中心（010）59367081　59367083
印　　装 / 三河市尚艺印装有限公司

规　　格 / 开　本：787mm×1092mm 1/16
　　　　　印　张：10　字　数：98千字
版　　次 / 2020年6月第1版　2020年6月第1次印刷
书　　号 / ISBN 978-7-5201-5856-5
定　　价 / 59.00元

本书如有印装质量问题，请与读者服务中心（010-59367028）联系